国文教育经典

作文与人生

高语罕 著

首都经济贸易大学出版社
·北京·

图书在版编目（CIP）数据

作文与人生 / 高语罕著. --北京：首都经济贸易大学出版社，2018.7
（国文教育经典）
ISBN 978-7-5638-2789-3
Ⅰ.①作… Ⅱ.①高… Ⅲ.①汉语—写作 Ⅳ.①H15
中国版本图书馆CIP数据核字（2018）第060005号

作文与人生
高语罕　著
Zuowen Yu Rensheng

责任编辑	彭伽佳
书籍设计	张弥迪
出版发行	首都经济贸易大学出版社
地　　址	北京市朝阳区红庙（邮编100026）
电　　话	(010) 65976483　65065761　65071505（传真）
网　　址	http://www.sjmcb.com
E-mail	publish@cueb.edu.cn
经　　销	全国新华书店
印　　刷	北京玺诚印务有限公司
开　　本	787毫米×1092毫米　1/32
字　　数	227千字
印　　张	8.875
版　　次	2018年7月第1版　2018年7月第1次印刷
书　　号	ISBN 978-7-5638-2789-3/H·194
定　　价	35.00元

图书印装若有质量问题，本社负责调换
版权所有　侵权必究

自 序

本书是旧作,但它的内容却依然是活泼泼的,因为它不但注意到死板板的作文的公式,并且注意到作文与实际的社会生活的联系。它不但是一般青年的作文的指导,并且是他们的日常生活的指导,故名之曰"作文与人生"!

著者

一九三六年九月四日

目 录

第一章 语言文字的起源与进化 …………………001
 第一节 语言文字的起源 ………………001
 第二节 语言文字的功用与其进化 …………006

第二章 语体文与文言文 …………………………012
 第一节 语体文与文言文的生命 ………012
 第二节 语体文与文言文的对照 ………014

第三章 文字写作之必要的条件 …………………022
 第一节 多读小说 ………………………022
 第二节 多读新闻、杂志 ………………032
 第三节 社会科学的常识 ………………045
 第四节 自然科学的常识 ………………055
 第五节 外国文字的常识 ………………063
 第六节 实际生活的体验 ………………071

第四章 文字的要素 ………………………………082
 第一节 目的 ……………………………082
 第二节 事实 ……………………………089
 第三节 语言 ……………………………099
 第四节 思想 ……………………………108
 第五节 读者 ……………………………117

第五章 文字的戒律 ········ 125
- 第一节 虚伪 ········ 125
- 第二节 夸大 ········ 131
- 第三节 模仿 ········ 137
- 第四节 轻薄 ········ 142
- 第五节 阿谀 ········ 148
- 第六节 傲慢 ········ 154

第六章 文字的质力 ········ 163
- 第一节 漂亮 ········ 163
- 第二节 生动 ········ 165
- 第三节 简劲 ········ 169
- 第四节 譬喻 ········ 173
- 第五节 重点 ········ 186
- 第六节 统一 ········ 196
- 第七节 匀称 ········ 205

第七章 文字的内容 ········ 211
- 第一节 民众的立场 ········ 211
- 第二节 斗争的精神 ········ 221
- 第三节 丰富的情感 ········ 230
- 第四节 深远的意识 ········ 236
- 第五节 客观的分析 ········ 245
- 第六节 辩证的逻辑 ········ 255
- 第七节 超越的想象力 ········ 272

第一章 语言文字的起源与进化

第一节 语言文字的起源

要明白文字的起源,必先明白语言的起源。但是语言是怎样发生的呢?有人说是"天生来的",或是上帝创造世界和人类的时候,一开始就会说话的,这自然不像话,谁也不会相信;又有人说,语言是人有计划地创造成功的,这也不成话。据社会史的考察,人类在蒙昧初期,始发生语言,当这个时候,哪能有什么具体的有计划地创造出语言来?自然也不能使人相信。假使我们根据社会经济与社会形式发展史的研究,那所得的结论便迥然不同。

生物界中不仅人类有语言,群居动物也有语言,譬如"马嘶""鹿鸣""狼嗥""犬吠",在人类看来,自然是莫名其妙,然而,嘶、鸣、嗥、吠的动物的相互之间,自然有它们的这种"鸣"、"吠"、"嘶"与"嗥"的迫切要求,犹之乎人类之有语言的要求一样。"它们由一只老的动物领导,寻找共同的就食地,并且占据地势,共同防备仇敌的袭击,因此,在它们中间,就要互相报告各种不同的消息。它们有各种鸣声,表示它们对于异性的引诱,对于仇敌的惊慌,对于远处危险的警戒,或是表示嬉戏与挑战,欢乐与恐惧,爱情与愤怒,这都是它们大家完全了解的。我们只要想及羚羊,当猎人相信确能射杀羚羊时,它时常一声狂叫,使全队羚羊都逃跑了。不独此等群居动物知道以鸣声向同类报警,就是孤栖的动物,对于它们的周围也是执行警戒任务的。当我们穿过山林时,山鸟与喜鹊即作恐怖的鸣声,以警戒它们的同类;老鸦对于掠鸟以及其他原野间的鸟雀也执行同样的任务,沼泽间的全体小鸟则注意于更大的涉水鸟的警告。"这自然是不成音节的极其单纯的声音。

人类的语言也是从这样不成音节的单纯声音开始的,这种单纯不成音节的声音,就是"原始人类起初互相了解的媒介。但是人类的发展,经过了极悠久的岁月,即比一切动物的发展都悠久的岁月,[①]他们的精神能力又发展到了高度,他又能利用他积久劳动的经验,把他的两只前足变成两只手。自从我们的祖先把两只前足变成两只手以后,人类的劳动范围就渐渐扩大,劳动技术渐渐进步,身体与四肢的运动愈加发展,他们的'语言'也就愈加清晰。人类当其劳动时,常发出各种声音,以维持相互间的联系,或造成一般人的劳动情绪。如果工作的振动,如工厂机器振动的声音不能用音律将工人联合起来,但是又不足以压抑人的声音时,则人便开始高歌求得其邻近工作者的附和。人类当其孤立劳动时也乐于唱歌,或发出很高的声音传达邻近各地。到森林里拾菌的女子用此唱彼和的歌声,或简单的呼唤声维持社会的联系。"

人类的语言萌芽于这种劳动的呼唤叫号的简单声音,这种简单的呼唤叫号做了人类初期的互相了解的媒介。但要形成人类今日之语言,必得还有一个必要条

---

① 原文如此,与今科学常识不符。——编者注。

件，就是"社会的共同生活"。人类一开始就是社会的动物，因为草昧初辟，天壤茫茫，穴居野处，生事艰难；这个时候，人类所努力的，专在于征服自然，就是怎样才可以免于毒蛇猛兽的危害，怎样才可以免于风霜雨雪的侵袭，怎样才可以免于疾病饥寒的交迫，怎样才可以避苦而求乐，转危而为安，那自然要靠着大家"守望相助，疾病相扶持"了。况且，那时对于自然的斗争，不像现在可以借助于机械，借助于科学，所恃者只有人类的两手，若是大家不联络起来共同动作，那人类恐怕早已灭绝。所以，人类的劳动与他们的社会的共同生活是相须为用，也是同时并起的。大家既然是共同生活，共同劳动，就不能不互通情感，以表示他们的喜怒哀乐；不能不交换意见，以传达他们的经验知识；有时共同劳作，则举动的或缓或急，或先或后，皆需要一种符号以为意思的沟通、行动的合拍，于是人类的简单声音就日趋复杂，久而久之就形成了比较完备的语言。有了语言，人类的劳动越发有兴趣，有进步，人类的生活越发完美，欲望越发增加，而知识、经验也就越发宏富。这种经验和知识不但可以借语言之助互相传授，并且可以遗留给后人，劳动技术与工具也可以传之无穷。辗转相承，交互影响，因语言进化，而人类的劳动也就进步；劳动进步，人类的语言也因之而进化。

但是，人类生活既愈趋演进，交通愈益频繁，关系愈益复杂，无论就时间说，徒恃语言都不能应付裕如。事情多了，或则人类交通广了，语言便不够用了，而要想把前人的经验、技能、文化和工具一一传之后人，语言更是不够用了，到了野蛮时代的"上期"，才发明文字以济语言之穷。有了文字，才有文献记录，把以前种种的发明、经验、技能和思想移交于后代，于是人类才走进了文明时代。《易经》所谓"上古结绳而治，后世圣人易之以书契，百官以治，万民以察"，就是说明文字发明前后的社会现象。不过，《易经》把文字的发明完全归功于所谓"圣人"，把人类长期的共同劳动、共同生活之奋斗的史实一笔抹杀，好像这类创作都只是圣贤从他们自己的脑子里创造出来似的。这是个谎，《系辞传》这一类的话都是一样的谎，我们万不可相信它，我们要从社会学、人类学、经济学和考古学去研究人类语言文字的起源，才可得到满意的答复。

第二节　语言文字的功用与其进化

语言文字大有造福于人类社会，上节已说了个大概，现在我们打算把它再总括一下，先看国语文字的提倡者胡适怎样说。他说：

> 语言文字的用处极多，简单说来，一是表情达意，二是记载人类生活的过去经验，三是教育的工具，四是人类共同生活的唯一媒介物。

这四条所举固然不差，然而还有一件重要的功用必须举出，就是"训练思想的作用"。这并不是每一种思想必须发为语言、做成文字才算得思想，乃是说，人类运思的时候，必要在脑子里，即思想中枢，经过一番语言文字的组织，构成具体的语句，才可以成为一种明确的思想。拉发格说：

> 在实际上，最抽象的头脑，不用字，不自言自语于内心，也就不能思想。纵使其用字，自言自

语，不像小儿口头上那样喧哗不已，然而却有许多成年人喃喃自语地说他所思想的东西。语言在智识的发展上，因为那些字，及其相继的意义之字原学的构成，不过是反映创造它们和使用它们那些人的生活条件和内心状况而已。

实则不必把字句喃喃于口，人类的头脑已积有前人极悠久的思想的训练，当他思想的时候，思想中枢构成语句非常之快，仿佛电讯似的，若必待喃喃于口，才成为思想，极钝根的人容或有之，那却不是常态。

在我们看来，语言文字本来是一样的东西，因为出之于口则为语言，把语言笔之于书即为文字。然而，语言与文字之分离又是历史的事实。但是这一历史的事实是怎样演成的呢？依我个人的见解，应该溯源于社会阶级的发生。当原始共产主义社会时，没有剥削者与被剥削者，不会发生阶级；没有阶级，也就没有什么统治者与被统治者之分。那么，彼此之间所用以互通情感、交换知识、传授经验，只是一种语言文字。到了后来，私有制度发生，剥削阶级成为统治阶级，被剥削阶级成为被统治阶级。政府官书文告、朝章国故所用的文字，渐脱离民众的语言，变成一种统治阶级的专利品，所以古人有"非天子不议礼，不考文"和"其文不雅驯，缙绅先生难言之"的话。就是说，"礼""文"是政府之事，老百姓没有议与考之权，而关于礼与文的文字，自然老百姓也就不需问津了，雅驯的文字是"缙绅先生"的专有品。所谓缙绅先生，就是统治阶级的柱石，他们就是"士大夫"，又可以说就是现今的所谓官绅，他们不但要文字与民众的语言分离，就是他们所用的语言，也与生息在重重压迫与剥削下的一般劳苦大众的语言不同。因为统治者群是有闲阶层，他们据有农民与工人的剩余价值，他们要享乐，要文雅，要仪节，要阿谀，这是一个社会的生活；劳苦贫民大众终日勤勤为达官贵人、封建领主劳作，没有机会去享乐，他们不需要文雅，不需要仪节，更不需要阿谀，他们是奴隶，奴隶之间只有单纯的天真诚朴，无所用其虚饰诈伪，这又是一个社会的生活。生活不同，语言文字自然也就不同，语言文字分离的原因大致如此。

统治阶层的语言与劳苦贫民大众的语言分离，统治阶层的文字与被统治阶层的语言分离得更远。胡适的国语的进化只图证明语言的进化与语言文字的功用，但他并没有说明语言进化的社会动力与文字脱离语言而独立的阶级关系，或则是他不企图去说明，也许他不能说明。还有人说，"文字（中国的）有进化，而语言转见退步"，那更糟糕！因为社会的物质生活进化了，社会的语言也必随之而进化。我们试把一个大都市的工人或市民和一个大都市近郊的农民的语言与乡鄙窎远地方的工人、农民的语言比较一下，便会明白上说之不符事实远甚。前者的语言益接近于现代文化与科学；后者的语言益带着神秘、迷信与旧社会的伦理观念。而且，社会上层的语言总带有保守性、反动性，社会下层的语言总带有反抗性、革命性。所以，俄国有一位革命家说："一九一七年俄国革命把'苏维埃''工人国家''劳工专政'等等语言带到全社会的生活中，其功已经不可没。"（大意如此）便是语言进化的一个明证。欧洲古代思想家有两句对话如下：

什么是文字？

——历史的保存者。

什么是语言?

——精神的叛徒。

这个意思是说,文字笔之于书,不可更易;语言随时代与社会生活而时有不同、地有不同,甚至此一社会与彼一社会不同,然而就一般说,语言是"精神的叛徒",就是说,它是旧生活、旧习惯的叛徒,是上层社会之秩序与安宁的叛徒。所以,我们现在要郑重地从上述种种抽出如下的结论来:

(1)语言与文字原来本是统一的。

(2)语言文字分离始于阶级的社会。

(3)不但统治阶层的文字脱离被统治阶层的语言,且统治阶层的语言也脱离了被统治阶层的语言。

(4)中国的语言既然因上述的历史、社会的关系而分成两种语言(统治者的与被统治者的),那么,中国的文字自然也就分成两种(统治者的文言文与被统治者的语文,即大众语——最大多数民众的语文)。

(5)统治者的文言文固然有进步,被统治者大众的语文更有进步。

(6)统治者的文言文是贵族的、反革命的、虚伪的、死的,被统治者大众的语文是民众的、革命的、真实的、活的。

(7)我们要努力于语言文字的统一,我们尤应努力于社会生活与生产关系的根本改造,作为语言文字大众化、劳动化和社会化的基础。

第二章 语体文与文言文

第一节 语体文与文言文的生命

语体文就是白话文,即用人民大众的语言很自然地写出来的文字。语言文字是训练思想的必要工具,也就是我们要学习语言文字、使用语言文字的目的之一。因此,要使我们的思想分外明晰,分外有条理、成系统,那就必须练习语言文字,常说、常写,所谓口到、心到。这是一。

语体文现在自然大多数民众都采用了,似乎无须再多说,然不久以前,政府教育当局还有命令全国学校注重文言文的企图,后经多数学者力争,教育部才通令各校采用语体文做教授国文的材料,学生应用语体文作文。但是政府及公共机关方面所用的文字,还是"'之乎者也'，非理即文，大不近情，自相矛盾"的"等因奉此"的文字。青年人为将来升官发财谋饭碗计，仍有被迫而注重文言文的危机伏在里面，不可不注意。这是二。

或许还有不长进的青年，受古老腐败的家庭教育所熏染，以为专用白话作文，不用文言文作文，久而久之，中国的典章国故、制度文物，即中国固有的文化岂不是要被人遗忘，淹没于无何有之乡了吗？这却不然。作文是一事，研究中国历史上各时代、各社会的文化又是一事。现在各种历史、社会科学及考古学、地质学、人种学都正在发展，中国青年学者若果利用之以研究中国古代的文化，一定会发现无数宝藏，解决许多历史上、社会上以及哲学上历久莫决的疑难问题，这些疑难绝不是徒拘守汉学家的述学方法、徒拘文牵义的方法所能解决的。所以我们现在应当把这两件事分开。

（1）用白话作文。

（2）用近代的社会科学与自然科学的方法研究中国历史所遗留给我们的各种文化，整理所谓"国故"并解决"国故"派（胡适、顾颉刚等）所不能解决的问题。这是三。

但是现在一般人心目中的白话只是士大夫的社交中所流行的一种语言,我们现在所要求的还不止于此,因为这些语言中已经充满了旧社会的生活障碍、旧礼教、旧观念,即保守性和反动性;我们再说一句,我们需要用全国人民大众的语言做我们新时代的人民大众写作的工具。这是四。

第二节 语体文与文言文的对照

政府及各公共机关仍旧使用文言文,自然是语体文推行上的一个大障碍,这不是简单的文字问题,它的背后深深地隐藏着一个社会问题、政治问题。我们就事论事,为避免越出范围,暂且不管。然而我们可以断然地说,要把全民文化放在最大多数的民众的地盘上,必须无条件地绝对禁止任何人、任何机关(从政府起)使用文言文。青年人要深切地了解,这一行动是含有伟大革命的意义的,是的,比"五四"运动时文学革命的意义更伟大。现在的政治条件自然离得还远,然而这种责任是放在我们现代青年的双肩上的。

假使还有青年学生要问：为什么语体文比文言文好呢？这种比较是绝对的还是相对的？现在这样提出问题，固然觉得有点过时了，然而我却承认他有，绝对地有提出这样问题的权利。现在我们且拿文言文与语体文所叙述或所译述的同一事实或同一著述的两种文字来对照一下，大家自然从其中可以得到正当满意的解决。

莺莺与张生恋爱的故事，我们只举它"书斋"相会一段，先看元微之（名稹）怎样写法：

> 张生临轩独寝，忽有人觉之，惊骇而起，则红娘敛衾携枕而至，抚张曰："至矣，至矣！睡何为哉！"置枕设寝而去。张生拭目危坐久之，犹疑梦寐，然而修谨以俟。
>
> 俄而红娘捧崔氏而至。至则娇羞融冶，力不能运支体，曩时端庄不复同矣。是夕，旬有八日也。斜月晶莹，幽辉半床。张生飘飘然，且疑神仙之徒，不谓从人间至矣。
>
> 有顷，寺钟鸣，天将晓，红娘促去。崔氏娇啼宛转，红娘又捧之而去，终夕无一言。张生辨色而

兴，自疑曰："岂其梦耶？"

及明，睹妆在臂，香在衣，泪光荧荧然，犹莹于茵席而已。

（元稹：《莺莺传》，见郑振铎编：《中国短篇小说》第一集）

再看王实甫怎样写法：

> 安排着害，准备着抬！
> 想着这异乡身，强把茶汤挨。
> 只为这可憎才，熬得心肠耐。
> 办得一片诚心，留得形骸在。
> 试看那司天台，打算半年愁。
> 端的是太平车，约有十余载。

这是张生经过"伫立门外怅望""斜倚门侧""入室""后出门伫立"，又"入室掩门"自思自叹的情形。以后"红娘莺莺上"，再看他怎样写法：

村里迓鼓

猛见她可憎模样,

小生哪里病来,

早医可九分不快。

先前见责,

谁承望今宵欢爱?

……

姐姐!你只是可怜见为人在客。

元和令

绣鞋儿刚半折,

柳腰儿恰一搦。

羞答答不肯把头抬,

只将鸳枕挨。

云鬟仿佛坠金钗,

偏宜髟松髻儿歪。

上马娇

我将这纽扣儿松,

缕带儿解,

兰麝散幽斋。

不良会把人禁害!

呀! 怎不回过脸儿来?

胜葫芦

我这里软玉温香抱满怀,

呀! 刘阮到天台!

春至人间开花弄色,

将柳腰款摆,

花心轻折,

露滴牡丹开。

么

但蘸着些麻儿上来。

鱼水得和谐,

嫩蕊娇香蝶恣采。

半推半就,

又惊又爱。

檀口揾香腮。

青歌儿

……

今夜和谐,

犹自疑猜。

露滴香埃,

风静闲阶。

月射书斋,

云锁阳台。

审问明白!

只疑是昨夜梦中来,

愁无奈。[①]

上面两篇文字同叙一个事实,而一则文言,一则白话。一则把一件天真烂漫、情不自禁的男女恋爱的故事

---

① 郭沫若编纂:《西厢》(泰东图书局),并参看王灵皋《国文评选》第一集。——原注。

写得死板板的，把张生写得好像一个非礼勿言、非礼勿动，要到孔庙去吃冷猪头似的理学家；并且说红娘"敛衾携枕"，好像《老残游记》中的翠环带着行李去陪铁补残困觉似的，实在"玷污了小姐清白"！一则用白话和词描写张生与莺莺幽会，情景逼真。这一段虽然不是《西厢记》最精彩的地方，但已经比元稹用文言文写的高百倍了。

又如《曝书亭集》的《王冕传》和《儒林外史》第一回的《王冕传》，两相比较，更可见得语体文与文言文的优劣。我们在这里只各引一段来看看。譬如《曝书亭集》的《王冕传》说：

> 冕善诗，通篆籀，始用花乳石刻私印；尤长画梅，以脂作没骨体。燕京贵人争求画，乃以一幅张壁，题诗其上，语含讽刺……

这样写法固然比《儒林外史》的语体文要简老[①]十

[①] 简老，原文如此。——编者注。

倍或百倍，然而把一个有志趣、有骨头，操心危、虑患深的王冕弄得了无生趣。但是《儒林外史》始而写王冕读书学画，继而写王冕逃却官府吏胥的聘征，终则写他张画讽刺权贵，完全用民间口语活画一个真正的王冕，活的王冕，跃跃纸上，呼之欲出[1]。总而言之，语体文应取文言文一切之地位而代之已无疑义。

---

[1] 《儒林外史》（亚东图书馆），并参看王灵皋《国文评选》第一集。——原注。

第三章　文字写作之必要的条件

固然出之于口则为语言,笔之于书则为文字,看来好像是很容易,其实不然。假使你要写一封普通的家信,或是写几句话的便条,那只要高小的学生就优为之;假使你要写一篇比较像样儿的文字,那就不容易了。所以,要想做得好文字,必须具备以下几个条件:多读小说,多读新闻杂志,学习社会科学常识、自然科学常识、外国文字常识,还要有实际生活的体验。

第一节　多读小说

旧式的家庭教育及学校教育都视小说为伤风败俗、引导青年到邪途去的东西,所以相率禁止青年看小说书。记得我已经进了省的陆军学校,暑假回家,行囊中夹有一部《西厢记》，被我母亲发觉了，把我严厉地教训一顿。但是我可以说：从前我写文言文还算通顺，那是我自己读《左传》、读《史记》的一点成绩。我读《史记》，起初并不是"非三代两汉之书不敢观，非圣人之志不敢存"的圣贤之徒的见解，只是把它们当小说读，因为《游侠列传》描写朱家、郭解之徒的慷慨好义，陡增我的英雄豪侠的气概，尤其是在无形中鼓励我的"时捍当世之文罔"的精神；《项羽本纪》（或作《项籍本纪》）中的《鸿门宴》一段的叙述，它把樊哙的状貌举动既写得如是之令人可怕，而他责备项王助沛公张目，又如是之理直气壮，截铁斩钉，无怪"项王未有以应"，因此解了沛公之围；这又好像《水浒传》上梁山泊豪杰劫法场的时候，"却见十字路口茶坊楼上，一个虎形大汉，脱得赤条条的，两只手握两把板斧，大吼一声，却似半天起个霹雳，从半空中跳将下来，手起斧落，早砍翻了两个行刑的刽子……"那个"虎形大汉"就是黑旋风李逵。劫法场时的李逵和鸿门宴上的樊哙两人的身份、性格叙述得差不多，真令人读了起劲！至于《滑稽列传》，更使人生意盎然，发人深省。这种描写不但有趣，而且足以启发人的智慧，增进人的志趣，鼓励人的道德观念。这样地读文言文，也必须这样的文言文才可以读，因为它和小说差不多，然而它对于青年人的教育作用并不止于文字的熏陶。

现在我们当然不主张专门拿这一类的文言文来做青年学生的读物，因为有许多白话文学——小说的名著，已经够我们读的了。《史记》这一类的文字，只可当作副料；因为读的时候，总归有些困难，而内容又与现代生活相去太远，舍近求远，似乎不值。至于白话文学，从《水浒传》《儒林外史》《红楼梦》起，直到鲁迅、郁达夫、郭沫若、胡适、徐志摩、周作人、茅盾，以及高尔基、杰克·伦敦、辛克莱和巴比塞等的作品，它们的立场虽有未能尽为我们所赞同，但它们的描写技术和它们代表时代之丰富的精神与内容以及它们之中所显露的现代社会之阶级的矛盾与斗争，在在足以给青年以极大的指导与兴奋，绝非什么《古文辞类纂》、曾氏《百家杂钞》[①]、《唐宋八家文》等等所可比拟的。譬

---

① 即曾国藩编纂的《经史百家杂钞》。——编者注。

如茅盾的三部作品，他本人的观点我们固然反对，然而他这三部小说所描写的事实，确是大革命后的小资产阶级找不着出路而对于前途彷徨无路，悲观失望的"幻灭""动摇"的实际情形，并且是大革命本身为错误的领导政策所戕杀的一个消极的、从旁面反证的批评！若果一笔抹杀，如某批评家之所为，那就大错特错了。又如《红楼梦》，从前一般社会视之为淫书，现在则视之为文学宝典，宜与《左传》《史记》相颉颃。然而，我们现代青年读《红楼梦》时，究竟从什么地方着眼，才可"探骊得珠"，打进《红楼梦》的琼楼玉宇、宝树瑶花？能找到这个着眼点的恐怕不多。一来是研究《红楼梦》的沿革的大家胡适先生没有告诉我们，而一般学校的国文教员更无暇注意及此。所谓金陵十二钗，所谓"碧纱窗外，我本无情，黄土垅中，卿何薄命"，所谓宝钗如何，黛玉怎样，都不过是作者的"工作的框壳，他的宫殿的外围"，可惜后人大半"虚费光阴，停留在这外围"，没有"钻进伟大建筑物的里面"去，所以不会"在那里发现无数宝藏"。所以，作者早已知道后人解其书者必少，故预先就发感慨道：

满纸荒唐言,一把辛酸泪。都云作者痴,谁解其中味?

"荒唐之言"正是此书的框壳,它的宫殿的外围;而"一把辛酸泪"中所包含的无限意思,正是它的"宝藏"。所以,我们现代青年读小说,应当另换一种方法,另具一副眼光,譬如读《红楼梦》,我们首先应当认识它所表现的社会阶级的关系:

(1)……贾珍……在厅上看着小厮们抬围屏,擦抹几案金银供器。只见小厮手里拿着一个禀帖并一篇账目,回说:"黑山村乌庄头来了。"贾珍道:"这个老砍头的!今儿才来!"贾蓉接过禀帖和账目,忙展开捧着。贾珍倒背着两手,向贾蓉手内看去,那红禀上写着:

"门下庄头乌进孝叩请爷奶奶万福金安并公子小姐金安。新春大喜大福,荣贵平安,加官进禄,万事如意。"

贾珍笑道:"庄家人有些意思。"贾蓉也忙笑

道:"别看文法,只取个吉利儿罢。"一面忙展开单子看时,只见上面写着:

"大鹿三十只。獐子二十只。狍子五十只。暹猪二十个。汤猪二十个。龙猪二十个。野猪二十个。家腊猪二十个。野羊二十个。青羊二十个。家汤羊二十个。家风羊二十个。鲟鳇鱼二百个。各色杂鱼二百斤。活鸡、鸭、鹅各二百只。风鸡、鸭、鹅二百只。野鸡、野猫各二百对。熊掌二十对。鹿筋二十斤。海参五十斤。鹿舌五十条。牛舌五十条。蛏干二十斤。榛、松、桃、杏瓤各二口袋。大对虾五十对。干虾二百斤。银霜炭上等选用一千斤,中等两千斤。柴、炭三万斤。御田胭脂米二担,碧糯五十斛,白糯五十斛,粉粳五十斛,杂色粱谷各五十斛,下用常米一千担,各色干菜一车。外卖粮谷牲口各项,折银二千五百两。外门下孝敬哥儿顽意儿:活鹿二对,白兔四对,黑兔四对,活锦鸡两对,西洋鸭两对。"

这一篇地租及各种必需品的清单,很明显地写出当

时贵族地主剥削农民的脂膏如何丰,这些东西,农民自己是吃不着的。所谓"遍身罗绮者,不是养蚕人"!并且,表现地主与农民的身份,简直是两个极端。然而这个贵族地主的土地还不止此,所以下面接着又说:

> 贾珍看完,说:"带进他来。"一时,只见乌进孝进来,只在院内磕头请安。贾珍命人拉起他来,笑说:"你还硬朗。"乌进孝笑道:"不瞒爷说,小的们走惯了,不来也闷得慌。他们可都不是愿意来见见天子脚下世面?他们到底年轻,怕路上有闪失。再过几年,就可以放心了。"
>
> 贾珍道:"你走了几日?"乌进孝道:"回爷的话:今年雪大,外头都是四五尺深的雪,前日忽然一暖一化,路上竟难走得很,耽搁了几日。虽走了一个月零两日,日子有限,怕爷心焦,可不赶着来了?"贾珍道:"我说呢,怎么今儿才来了?我才看那单子上,今年你这老货又来打擂台来了。"
>
> 乌进孝忙进前两步,回道:"回爷说……小的不敢说谎。"贾珍皱眉道:"我算定你至少也有

五千银子来。这够做什么的!如今你们一共只剩了八九个庄子,今年倒有两处报了旱潦,你们又打擂台,真真是叫别过年了。"

……

既然"如今你们一共只剩了八九个庄子",那么,以前的庄子还更多了,这个贵族地主的土地真是可观了,这是一。乌进孝一个庄子送来如是之多的农产品及副产品,那么,八九个庄子的租物更不知有多少咧?这是二。这在现在的资本制的地主,即大地主资本家看来,或者还算不得一回事。然而在三百年前,封建贵族与封建地主所剥削农民的租物却不能不令人惊讶。但是当时的贵族与奴隶的关系怎样呢?再往下看:

(2)袭人冷笑道:"我一个人是奴才命罢了,难道连我的亲戚都是奴才命不成?定还要拣实在好的丫头才往你们家来?"……

(3)……鸳鸯只咬定牙不愿意。他哥哥无法,少不得回去回复贾赦。贾赦恼起来,因说道:

"我说给你,叫你女人和她说去,就说我的话!自古'嫦娥爱少年',他必定嫌我老了,大约她恋着少爷们!多半是看上了宝玉!只怕也有贾琏!若有此心,叫她早早歇了!我要她不来,以后谁敢收她?这是一件;第二件:想着老太太疼她,将来外边聘个正头夫妻去,叫她细想:凭她嫁到了谁家,她难出我的手心!除非她死了,或是终身不嫁男人,我就服了她!要不然时,叫她趁早回心转意,有多少好处!"

我们从第(2)节可以看出,贵族地主家中还像有奴隶的制度(这个制度一直到民国初年,现在实际上还存在着,不过名义上不存在了罢了);从第(3)节我们可以看出,贵族对于奴隶的贞节生死为所欲为。至于这些贵族对于平民的压迫欺凌,更是一言难尽。例如:

(4)雨村道:"方才何故不令发签?"门子道:"老爷荣任到此,难道就没抄一张本省的'护官符'来不成?"雨村忙问:"何为'护官符'？"门子道："如今凡做地方官的，都有一个私单，上面写的是本省最有权势极富贵的大乡绅名姓，各省皆然；倘若不知，一时触犯了这样人家，不但官爵，只怕连性命也难保呢。——所以叫作'护官符'。"

这一席话描写《红楼梦》时代之达官贵人、地主豪绅对于一般平民的压迫、欺凌，真是穷形尽相！

（5）又如，为什么《红楼梦》作者偏要从这"千里之外，芥豆之微，小小一个人家"说起呢？自然是要：

（A）用刘姥姥的"只靠两亩薄田度日"与"狗儿"的"家业萧条"，给人"做些生计"，即卖劳力度日的生活，与荣国府的豪华奢侈的"朱门酒肉臭"的生活相对照，以象征当时社会贫富不均、苦乐悬殊的状况。

（B）从一个乡下佬刘姥姥的眼中对于荣国府中的一切景象——从物到人，从奴仆到主子——处处表示惊奇,以象征当时社会中截然不同的两个世界(或则说,两个阶级)——一个是贵族和大地主的世界,一个是农民的世界。譬如说,刘姥姥眼中的"蓉儿",即凤姐口中的"侄儿";又如,周瑞家的眼中的"板儿",即刘姥姥口中的"侄儿",经了周瑞家的一解释,便显出他们中间相隔得多么远呵!

(王灵皋编:《国文评选》第三集,二一页)

这就是《红楼梦》中所蕴藏的许多精彩动人的批评与夫深深地暴露当时社会阶级的矛盾的描写。我们在这里只拿《红楼梦》做代表,来说明青年应当多读小说的理由,并稍稍供给一点读小说的方法,但求青年学生读小说(譬如《红楼梦》)时,不要拘于灯红酒绿、痴男怨女的表面文章,要在字里行间,要在红灯绿酒、痴男怨女的背后,追求它所表现的社会关系、阶级关系。

第二节 多读新闻、杂志

我们青年不但应当多读小说,并且应当多读新闻、杂志。因为小说无论怎样现代化，它在时间上总赶不上这与日俱积的日常生活的要求；新闻、杂志则不然：它们有的是季刊，有的是月刊，有的是旬刊，有的是三日刊，有的是日刊，甚至每日有早刊、晚刊，即日报、晚报；它们所记载的消息都是极新鲜活泼的事实，极与社会人士目前生活有关的事实，所发表的议论，都是以当前或最近的、将来的世界问题、国家问题、社会问题、地方问题或某种人生问题为对象的。普通每个青年总要读一份日报、一份三日刊或周刊、一份月刊。最好选择两份好点的小报按期去读，若能利用学校的图书馆、公共图书馆或公共机关阅报室，多读多看，那更有益。但是读报纸也不是什么很容易的事。

第一，要认清各种报纸的党派关系。甲党的报纸所登的新闻与论说，总是适合甲党的立场或于甲党有利的；乙党的新闻论说，必定是适合乙党的立场或于乙党有利的；推而至于丙党、丁党，其他各党莫不如此。读者若不明白它的党派关系，那你真是坠入五里雾中，不辨东西南北，不但于自己无益，反把自己弄昏头了。但是若因此便因噎废食，闭目不阅报纸，那却大大不可，只要你留心各新闻杂志的党派关系就得了。

第二，要追本穷源。处在现在的世界，要读新闻杂志，着实不易，因为现在是社会中这一群人和那一群人利害冲突最剧烈的时候，没有哪一个新闻、杂志没有党派关系。尤其是公开的报纸，都是直接与"金圆"或"金镑"有关系的。果真你把它的言论当作信史，那就上了大当。就如胡适、丁文江等的《独立评论》就是一个好例。请看他们对于中日问题的意见吧：

（一）中国政府应该表示愿意依据十月中日本在国联提出的五项原则，进行与日本交涉东三省的善后问题。

（二）交涉的方式略如《大公报》所提议，仿华府会议的前例，在国联或有关系的友邦斡旋之下进行两国全权代表的交涉。其地点或在国联，或在中国，或在中立的地点如檀香山之类，皆可。

（三）交涉的目标在取消满州伪国，恢复领土及行政主权的完整。

（四）中国应该自动地声明：在满州国取消之后，在中国恢复东北领土与行政权时，东三省的政治组织尽量现代化，政府人选应该以人才为标准，绝不使军阀割据的政治复活。

（五）中国不妨自动地主张：东三省解除军备，中国与日本、俄国皆不得在东三省驻扎军队。

（六）中国不妨自动地主张：东三省原有军队现驻关内者，应该逐渐编遣，使他们有家可归的仍回关外，无家可归的应由东三省政府尽量移至北满各地留垦。其经费应由东三省财政整顿后之盈余项下筹划供给，其编遣计划应由中央政府与北平绥靖公署会同聘任国内外专家妥筹。

（七）关于铁路的争议，应该由两国铁路专家会议依据现有各种条约，做切合事实的协商。

（八）关于土地商租的问题，中国应该要求：在政治改良与司法革新的条件之下，日本臣民在东三省居住或经营农工商业者不得享受领事裁判权。

（九）中日两国缔结的新条约，不但应该解决积年久悬的争端，并且应该远瞩将来，确立远东两大民族可以实行生存共荣的基础。

（以上圈点①都是我加的。——著者）

有个青年学生对我说，我看了胡适的对日方针的九个条目，真把我的肚子笑痛了并且气痛了！我问他为什么笑且气得这样。他说，因为他是完全在做梦，是在做极无耻的梦！而且我们在谈对日外交，为什么"自动地主张：东三省解除军备，中国与日本、俄国皆不得在东三省驻扎军队"？本国的军队好不好是一个问题，东三省是中国的领土应无条件地有驻扎军队权，又是一个问题，试问在现在资本帝国主义的侵略吞噬的环境中，没有武装，能以保全或恢复领土及行政主权的完整吗？这不是鬼话？我说，对的，然而你看错了胡适；假使你把胡适的社会关系弄清楚，那你读了他这些文字，就不会笑也就不会气了；纵笑，也不会笑得肚子痛，气也不会气得肚子痛了！因为东方殖民地资产阶级异常软弱，它

---

① 即本简体字版着重号。后同——编者注。

的经济落后,而其生命又全操在帝国主义手里,它的命运注定了它,使它只有在外交的名义之下,借着服从国联这种烟幕,实行屈服。胡适的意见固然可笑、可气,然而切勿把它看作个人意见,他的意见实在就是中国资产阶级的,也可以说,比较还是进步的,即自由资产阶级的意见。他们的确是中国资产阶级比较进步的一派,不然,你再读下面的《独立评论》:

> 我们对于国民政府,要请他们正式承认共产党不是匪,是政敌。认清了这一点,政府负责任的人,才能感觉到他们切身的利害;认清了这一点,才能够明白政敌不是单靠军队可以消灭的。一个政治团体的生命,日子久了总得靠它政治上的成绩可以保存。共产党所以有今天,是湖北、江西、安徽几个主席帮他们忙的。最近政府似乎(?)也有决心改革这几省的政治,所以撤换了这几省的主席,但主席虽然换了新人,而旧主席仍然是"绥靖主任"。绥靖的成绩我们丝毫没有看见,而……现在挂招牌去"绥靖"的,仍然是这些旧主席所变成的

新督军！……

共产党是有组织、有主义、有军队枪械的政敌。国民政府为自卫计，想用兵力铲除这样迫胁它自身存在的政敌，这种心理，是一个政府不能没有的。然而，政府何不自己反省，究竟这种政敌是谁造成的？是什么东西造成的？无疑的，共产党是贪污苛暴的政府造成的，是日日年年苛捐杂税而不行一丝一毫善政的政府造成的，是内乱造成的，是政府军队"借寇兵，赍盗粮"造成的。

（《独立评论》第六号，胡适：《所谓剿匪问题》①）

胡适一辈人的根本目的是要在现实的社会组织基础上要求改良，这一层是一般资产阶级的学者的共通意见。但他们对于现在所谓剿匪问题，却是抱着比较温和的见解，就是他们要求国民政府"正式承认共产党不是匪，是政敌。"

但是他们所说的造匪的原因，依然不会搔着痒

---

① 胡适在附注中声明，本文自第五段以后是他仿做的，由他负责。——原注。

处，所以他们也还是不能或不知解答或追求下面的几个问题：

（1）"共产党是贪污苛暴的政府造成的"，然而这样"贪污苛暴的政府"是什么东西造成的呢？

（2）共产党"是日日年年苛捐杂税而不行一丝一毫善政的政府造成的"，然而这样"日日年年苛捐杂税而不行一丝一毫善政的政府"又是什么造成的呢？

（3）共产党"是内乱造成的"，然而"内乱"又是什么造成的呢？

（4）共产党"是政府军队'借寇兵，赍盗粮'造成的"，然而这样"借寇兵，赍盗粮"的"政府军队"又是什么造成的呢？

（5）以产生以上种种现象的根本原因来做铲除这些现象的工具，就是说，在产生这些现象的现有社会制度之上，做根本肃清此项恶果（胡氏所谓造匪的原因）的原因，是绝没有可能的。

"打蛇要打七寸"，"杀人须从咽喉着刀"，以上五个问题是我们对于胡适的"剿匪要义"的"七寸"和"咽喉"，我们应该从这里下手，从这里着刀，那才是深入问题的研究,也才是读者读新闻、杂志的唯一办法。若果不追求浮在社会表面上的所谓原因之最后的动力,即根本原因,那终久要为穿着德谟克拉西或人道主义的外衣的学者们、大学教授、政客、法利赛人所欺骗,多读新闻、杂志也是枉然(请读者参看著者近著:《中国思想界的奥伏赫变》,亚东版)。

又如,我们读《申报》(七月十三日)本埠新闻载公共租界工部局卫生报告如下:

公共租界工部局卫生报告
(传染病统计)
七月九日中夜前一星期患病及死亡人数表

症 别	外侨住在租界内及租界外工部局道路患病情形曾经报告者(人口约 44 240 人)	华人(人口约 1 030 554 人)	
		患病经报告者	死亡人数
天 花		2	
猩红热	1		
白 喉		6	
脑膜炎		2	2

续表

痨病	1	12	14
霍乱	2	148	11
伤寒	1	16	3
类似伤寒		1	
赤痢	3		
白痢		29	2
脚气	1	2	1
流行性感冒	4	3	
疟疾		3	
七日热病	1	1	
疹症		1	
发疹伤寒	1	2	2
患各种病症死亡人数	12	251	

这本是一条为一般人士所不甚注意的新闻，即使有人注意（譬如医士或留心卫生的人），也得不着什么重要的结论；假使我们从它这个报告中发现如下两个问题，那就有另一种意义了：

（1）所有这个报告上，患各种传染病的人，其职业种类若何？其生活程度及其状况如何？

（2）患这些传染病的人的住在地的种类，譬如是工人区域或贫民区域呢？抑或是中产阶级以上的住宅区域呢？

对于第一个问题，我们可以代为答复：患各种传染病的人以工人或贫民为最多数；对于第二个问题，我们也可以代为答复：病者的区域是工人区或贫民窟，不是中产以上的住宅区，如静安寺路、愚园路、环龙路、法国公园左近。这样一追求，便显露出一种不可抹杀、非常残酷、非常凶恶而又不能或忍的社会问题，必待解决；并且使读者深深地感到社会根本改造之不可或缓，因以鼓动他为人类而奋斗的勇气与决心。阿本海姆（Openheim）说，他自己研究社会学，是因他从事医道，常与病人接近，遂发愿研究社会问题，这话是真实的。

又如某君一九三〇年一月二十五日在某地青年会曾做如下之讲演：

> 我在未说上海的危机之前，先来解释"机"的意义。机者，动之微也。对于已往的、现在的

危机，各人都有责任。上海的社会犯了两桩大病：一是物质方面的贫穷，二是精神方面的人心不古。贫穷的发生，是因为社会上失业的人太多，在十七年八月至十八年七月止，一年中因三百余件劳资纠纷，四十四件关门，而失业的达六千人，未经社会局调解者，尚不在内。据社会局调查，一百八十七个工会，共有工人十五万五千人，其中有一万多人失业，占全数百分之六；假定上海有工人八十万，失业的数目至少有五万人。十七年八月至十八年七月，上海的盗匪抢劫有一千一百三十八件，平均每八点钟有一件，三分之二在租界，三分之一在华界。绑票有一百零三件，平均每三四天有一件。报纸不载，人民不报者，尚不在内。自杀的，年内有二千三百三十七人，平均四点钟有一人自杀。讲到要怎样才能救济现在的危机，就是要看我们能够不能够把我们的人心转移过来。物有相当的力量，心也有相当的力量，只要反转身来，向创造生产方面用劳力、用心思去做，不投机，不自私自利，自然个个有饭吃，社会能安宁……

某君把心理上的危机和物质上的危机并列起来,我们要问:所谓"精神方面的人心不古"究自何而来呢?我们一定要请读者提出这个问题。这是一。

某君举了上海失业的工人如何之多,盗匪绑匪如何之多,自杀的如何之多,这都是事实,依我们看来,如果排除一切障碍,忠实地调查,忠实地记载,则上举各项数目,只有比事实上的少,少得多,绝不会多。现在我们暂且不论多少,只问这些现象是从何而生的呢?某君一定回答道:自杀与绑票是因为工人失业者太多。是的。然而,失业工人为什么如是之多?某君就没有明白告诉我们,我们要请读者郑重提出这个问题。这是二。

或许有人说,某君虽未明白答复这一问题,但我们从他对于"怎样才能救济现在的危机"的意见看来,可以说,工人失业是由于没"用劳力、用心思"于"创造生产方面";但是美国之用劳力、用心思于创造生产方面可谓无微不至了,它的商品生产可算是堆如山积,然而美国工人失业反日益加多,盗匪、自杀案件亦日益加多,又是什么缘故呢?我们要请读者郑重提出这个问题。这是三。

读新闻、杂志若果用这种态度，那每日每时都可发现新的问题，那才可以说是"开卷有益"！

第三节　社会科学的常识

我们既劝青年学生多读小说，多读新闻、杂志，作为文字的根底，然而仅此两端还是不够的。因为小说中所包含的各种人生问题、各种科学知识都是某一具体问题，某一部分的社会现象，或某一时、某一地、某一社会的问题，不能给我们青年读者以系统的指示，全般的理解。至于新闻、杂志，更是只能供给读者研究的材料，不能供给读者以研究的门径或解决的方法；纵或有，也是零碎的或具体的智识，不能使读者对于社会问题、人生问题，从根本上获得一个彻底的了解和系统的智识。如欲获得这种了解与智识，那就不得不求之于社会科学。因为，没有社会科学的常识，不但不能如上所述的那样提出问题，即使能以那样提出问题（无意识地），也不能找到正当的解答。

不过，社会科学的研究也很困难，一来是因为中学程度的青年既无从辨别好坏，而一般中学校教师对之更不愿有所指导；二来是近来书肆中出版的关于社会科学的译著固然很多，然而要是不加以选择，那就莫知所措。我现在仅就我所知的，代一般中学青年选举二十种社会科学书做青年们的一个参考，唯须先声明一声：我这里所谓社会科学是广义的，举凡历史、经济及唯物哲学，均包括在内。目录如下：

（1）《新经济学》　　　民智书局出版
（2）《经济科学大纲》　新生命书局出版
（3）《〈资本论〉大纲》　新生命书局出版①

以上三种书是关于经济学的：《新经济学》是卢氏的几篇讲演，虽未成一完整的著作，然它对于国民经济学之深刻和辛辣的批评，实足以引起青年研究经济学的热情。波格达诺夫就哲学方面，就党的立场方面，皆不足为训，但是他对于经济学的智识非常丰富，《经济科学大纲》就是他的著作之一。这本书对于经济科学的内容以及人类社会之经济的起源及发展，均有很详尽的叙

---

① 原书误。经查，此书应为神州国光社出版。——编者注。

述。青年读者最好先读《新经济学》，次读此书。此书读过以后，再读高畠素之的《〈资本论〉大纲》。高畠素之的政治观点是落伍了，然而他对于马克思的《资本论》确实很有研究。这部《〈资本论〉大纲》把一、二、三3卷《资本论》做一个简括的叙述，而且全部组织是尽可能地依照《资本论》的结构。青年学生无力读原文《资本论》，若能耐心读完此书，则于《资本论》的轮廓，一定可以识得大概。

（4）《社会经济发展史》　亚东图书馆出版

这本书是德国社会民主党一个工人领袖做的，他虽然只提到《资本论》第一卷，然而他叙述得却很重要，且很有趣味，很可帮助读者了解社会经济发展的趋势与社会发展的关系；译笔又信实而调畅，对于青年作文亦有裨益。

（5）《家庭、私有制和国家的起源》　新生命书局出版

（6）《社会形式发展史大纲》　神州国光社出版

这两部书都是用唯物史观研究社会形式发展的历史：前者是恩格斯奉马克思的遗言做的，是应用马克思

的"唯物论的见解"以说明"历史上最后决定的要素是直接的生活之生产与再生产及它之物质条件",与夫与此相适应的社会形式的发展,目的在"把摩尔根的研究的结果扩展起来和马恩两人的唯物史观相联贯","由此以阐明这个唯物史观的全意";后者也是遵着马、恩的唯物史观来说明社会发展的,因为近来科学的发展日新月异,材料比前更为丰富。本书对于封建主义与商业资本主义说得极详细,译文也还可取,但错字太多,读者自己留心可也。

(7)《法国大革命》 神州国光社出版

这本书是叙述一七八九至一七九三年法国大革命的经过的最好的史书之一。它的着眼在革命的经济基础及社会阶级的成分和阶级的立场、革命的热情,尤注意于农民之革命的情势。青年读此书时,可以激发个人之革命斗争的勇气。克氏虽为安那琪主义者,然而他写此书,确实是很客观、很有系统、很有组织的,而且是深合乎辩证法的精神的。

(8)《法国革命史》 亚东图书馆出版

这本书是德国一位新的历史学家名叫布洛斯所著

的，他这本书现在还是一部很难得的革命史，又与克氏的《法国大革命》互相参证，且译文不但信达，而且雅驯。

（9）《法国之国内战争》　神州国光社出版

此书系马克思分析一八七〇至一八七一年法国革命的战争，即巴黎公社指导下的法国工人反抗德国军队之侵入，反对法国资产阶级卖国的革命战争。马氏在这本小册子里从根本上分析了一八七〇至一八七一年法国革命战争中之国内战争之历史的必然性及其对反抗强国侵凌时之决定的意义，给后人遗留下许多革命的策略与教训。

（10）《革命与反革命》　新生命书局出版

这本书是恩格斯在纽约《讲坛报》上，用马克思的名义发表的通信，原本是英文。内容系叙述一八四八年革命爆发的德国到"科伦的审讯共产党员事件"为止，把德国之所以分裂，革命之所以失败，民主主义派之无能，都给它一个极客观的描写和辩证法的分析。可以与上述马氏的几部分析历史的著作等量齐观。

（11）《英国帝国主义的前途》　春潮书局出版

这本书是托洛茨基因答复英国保守党领袖包尔温而

做的。他用辩证法的方法指出英帝国主义的真面目，劳工党上层领袖之破产，并预言麦克唐纳尔必为保守党所屈服（二二三—二二四页）以及英国之将来的运命（同上页），到了现在益信而有征。

（12）《一九〇五年》　沪滨书店出版

这本书是俄国博克劳夫斯基做的，我们从其中可以得到一些关于一九〇五年俄国革命的史料。可惜托洛茨基的《一九〇五年》还没有中文译本，不然的话，青年读者一定可以对于一九〇五年的俄国革命之动力与其结果得到一个明确的认识。

（13）《俄国革命全史》　上海心弦书店出版（上海各书店都代卖）

此书系博克劳夫斯基、石川一郎著。我们也可从其中得到一些俄国大革命前后的史实，虽然不能完全满意的话。此外，泰东图书局出版的《俄罗斯大革命》也可以参考。假使你真愿意知道十月革命的真相，最好是《列宁全集》，至少也要读一读。

（14）《宗教哲学社会主义》　亚东图书馆出版

此书包括三个小册子，是发挥唯物史观的一部极精透的著作。其中之一部是从恩氏名著《反杜林论》一书中节录出来的。读者若是对于它的第一篇《原始基督教论》缺乏兴趣,不妨暂且把它放下,先读第二篇《空想社会主义与科学社会主义》、第三篇《费尔巴哈与德国古典哲学的末日》,然后再读第一篇。

(15)《辩证法经典》 亚东图书馆出版

这本书的蓝本是河上肇从马克思、恩格斯及列宁主要著作中节录出来的唯物论的辩证法的主要理论,译者又从列氏的名著《唯物论与经验批评论》中选译一篇。以其言论,皆为唯物论辩证法的根本理论,足资楷模,故名曰《辩证法经典》。

(16)《十月革命与五年计划》 新生命书局出版

此书是站在唯物辩证论的观点,利用世界各国尤其是俄国革命的全部经验来批评苏联的"五年计划"的得失,也是一部极有趣味、发人深省的书。

(17)《辩证法的唯物论》 亚东图书馆出版

这部书是苏联一位哲学家为一般研究哲学的青年做的,它的好处在于由浅入深,由循源溯流,使他们对于唯物辩证法的哲学获得一个明确的观念,而且举例详明，叙述简括，译笔流畅，均为本书特点。

（18）《西洋史要》 南强书店出版

（19）《古代社会》 昆仑书店出版

这两部书是第一次用唯物史观来有系统地研究社会发展史的空前的杰作。

（20）《希特勒征服欧洲的计划》 北平协和印书局印行

这部书虽然它的立场有许多是偏见，但它对于希特勒与德国资本主义之最后挣扎的关系说得很详细，实供给我们了解法西斯的结构许多宝贵的材料。作者的笔锋极犀利，译文也精悍可诵。

青年学生读了以上这些社会科学书，思想上一定会起很大的变化，在研究学问的方法上，也必定要起大变化，那他会感觉眼前的事物都是新鲜活泼，都是值得留心的，无论它是牛溲马勃、竹头木屑，不过是要看你站在什么立场上来看罢了。于是，读小说自然会另有一番见解，可以于同一小说中另辟一个新的世界；读新闻报纸也是这样，你也会从那些不为人所注意的新闻材料中获得极可宝贵的知识和对于人生的深切的了

解。恩格斯说：

> 近代唯物论与过去一切历史之庸俗革命的、单纯的排斥相反，它在历史中看出人类之发展过程，而它的使命就是要发现这一发展过程之运动的法则。

社会科学的使命也是这样：它的使命是要发现历史中之人类发展过程的运动法则，就是说：

> 如果我们要寻求那决定某种社会变化或某种社会革命之原因时，则不应到人类对于永久真理和永久正义最高智识中去寻求，而应到生产方式和交换方式的变化中去寻求。总而言之，即不应到所研究时代的哲学中去寻求，而应到这个时代的经济中去寻求。

这是现代社会科学的根本原则，也就是现代社会科学的ABC。

社会科学也可以说是"历史科学",所以我现在要郑重敦劝我们的青年读者,对于下述各条给予极大的注意:

(一)运用前述的社会科学方法研究世界史和中国史,借以了然世界人类社会及中国人类社会之一般发展的历史。

(二)运用前述的社会科学的方法研究中国与外国的关系,及其与内政的关系的历史(如中国历史研究社近来出版的"中国内乱外祸历史丛书"便是这一部门的重要工作之一)。这是历史科学的一部门。

(三)读史最要紧的是不要为形形色色、纷乱如麻的社会现象所扰乱,而要追求它的原因,尤其要追求它的主要原因,即历史的动力之动力,然后才可以批郤导窾,执一御万。西方历史科学大师有云:"假如一个政党,它的政治资本只在于认识某甲之不可信一类的孤零的事实,它的遭际又是如何可怜呵!"研究历史也是这样,不在乎记些孤零的表面的事实,而在追求历史的事实之所以发生的主要原因!

第四节　自然科学的常识

社会科学不是建筑在空想和玄学上面,而是建筑在自然科学上面的。我所说的自然科学的范围大致如下:

(1) 物理学(Physik)

(2) 物理的化学(Physikalische Chemie)

(3) 化学(Chemie)

(4) 天文学(Astronomie)

(5) 宇宙发生学(Kosmogonie)

(6) 地理学(Geographie)

(7) 地质学(Geologie)

(8) 生物学(Biolgie)

(9) 数学(Mathematik)

(10) 工艺学(Technik)

数学一科有人把它当作纯粹理论、纯粹逻辑的东西,故把它与逻辑另立为一种理想科学(Idealwissenschaften)。其实,我们若一考究数学之起源,就晓得这种分类完全是玄学的武断。因为数学之发生,由于适应航海测算距离、量度天文的需要;单就它的数目字看来，完全是形而上学的，然而这种数目完全是由自然界的、物体的、历久认识的经验的结果，是实体之物抽象出来的结果，所以我们应当把它归到自然科学一类。

现在且谈自然科学的常识的需要。骤然看来，这个问题似乎是多余的。因为现在的中学校里都有物理、化学、地理、生物学、矿物学等，青年学生自然会理会到的。但是，我们在这里特别提出自然科学的常识有两个意思：

第一，要让青年学生晓得，若不把自然科学的基础打好，那他对于社会科学是不会有精深的造诣，不会有彻底的认识的。我从前在中学校教课时，常常碰到这种现象：对于国文、英文、历史等科有兴趣的学生，对于物理、化学、数学等科就不甚注意。结果，这一派的学生只会诌几句文章，几首歪诗，做一点翻译，一点自然科学也不晓得，但他还要咬文嚼字，高视阔步，其实他们并未尝敲开历史科学、社会科学的门，那他们的文章也就可想而知了。况且现在的社会科学中，处处包含着自然科学的问题，没有自然科学做底子，那社会科学中许多问题是不会解决的。譬如,胡适博士所宣扬的实验主义,自诩是深得进化论的精髓的;实验主义所认识的进化论,是达尔文对于生物界的一部分渐变的理论,至于达尔文所承认生物界也有突变的现象的一部分的理论,都被美国实验主义者(中国的胡适辈亦然)一笔抹杀了。青年学生若不好好地读达尔文以及达尔文以后的生物学的著作,那就不会看出实验主义者的谬误。又如,我们所研究的社会科学,关于社会形式发展的问题,假使你不晓得人类发展与生物进化的关系,你是不会明白的;假使你对于人类的劳动技术和肉食的营养之卫生学和化学上的知识没有基础,你也不会深切地了解的。又如,近代考古学和地质学的发展,使人类古代的社会的遗迹和轮廓重新为我们所认识。至于数学,几乎无时无地不需要它。再说,若是你不懂得物理,尤其是化学,那你就不能正确地了解唯物论的辩证法,所以,"我们观察自然界,就可以发现许多例证,证明数量转变为性质,即渐进的发展突然中断而发生突变。在烧开水的水壶里,蒸汽渐次增加起来,在一定限度之下,这种增加纯粹是数量上的增加,但突然数量就转变成性

质,结果沸腾了。"黑格尔解释他的辩证法的理论,曾经屡屡地用自然现象来做例子,他说:

> 人们认为自然界中没有突变,呆笨不灵的人说到形成或消灭时,就以为将这种情形看作渐次的发展或毁灭就够了。可是事实上可以看出现象的变化,不仅由这一数量转变为别一数量,而且也由性质转变为数量,并由数量转变为性质。在这个转变中,渐进的行程中断了并造成新的现象,其性质与原来的现象不同。在寒冷天气之下,由水结冰并非渐次进行的,即并非先变成浆状物,然后渐次结成固体的。在冷冻至冰点以前,水还是液体;只要保持静止状态,则增加一点点冷度就可使水一下就凝结成冰。
>
> (《逻辑》)

既观察自然界现象,就要研究自然科学。然而或许有人要说,冰冻的凝结,仅靠着经验已足,无须乎什么自然科学。我们退一百步承认这句话是对的,但是下面

的公式就不是这样简单了：①

如以C代表一原子量炭素，H代表一原子量水素，O代表一原子量酸素，N代表每种结合中所含炭素原子量之数，便可表现这些级次的分子。分子式如下：

C_nH_2N+2　　　　通常白蜡一类

C_nH_2N+2O　　　　第一酒精一类

$C_nH_nO_2$　　　　　一杯基的脂肪一类

我们如果以最后的一个分子式为例，顺次假定$n=1$，$n=2$，$n=3$……便得到以下的结果（同分异性的除外）：

CH_2O_2（蚁酸）——沸腾点100℃　溶解点1℃

$C_2H_4O_2$（醋酸）——沸腾点118℃　溶解点17℃

$C_2H_6O_2$［卜罗辟安酸（Propiousaure）］——沸腾点140℃　溶解点_____

$C_4H_8O_2$（牛酪酸）——沸腾点162℃　溶解点_

---

① 以下化学知识的表述与今不同（如"炭素"今称"碳元素"等），请读者留意。——编者注。

$C_5H_{10}O_2$ [瓦列里安酸(Walerinasaure)]——沸腾点175℃ 溶解点_____

如此类推下去,一直到$C_{80}H_{80}O_2$麦里息酸(Melissinsaure)为止。此酸须至80℃才能溶解,并且没有沸腾点,因为它一达到气化时即行分解。

这是恩格斯说明辩证法的突变过程时举的例子,假使你要深切地了解这种道理,那你就得研究化学并且要到化学室去实地试验才行。恩氏为要拥护唯物史观,自己亲身研究自然科学如数学、物理、化学等至八年之久,不是偶然的。

第二,要让学生知道学校的自然科学有点靠不住,要自己研究。我的一个亲眷的儿子在上海某大学附属高中二年级读书,他的生物学课门是美国学校原文本子,教员也是美国大学的硕士。但我问他生物学上的一些问题,他一点也不晓得,连达尔文的名字都不曾听说过。这个学生很聪明,他的英文、数学都还在中等以上,绝不是低能儿。后来我又遇着某某学校的中学学生,也大致如是。为什么会有这样的现象呢?就我的经验说,大半是教员只徒以西文原本掩饰他的浅薄，希图欺骗青年学生。后来，我那个亲眷的儿子从我这里拿了一本关于人类发展说（恩格斯：《马克思主义人种由来说》）小册子去读了一读，他才明白达尔文生物学与人种由来是怎么一回事。不但生物学如此，其他一切自然科学——物理、化学等，十有八九都是照看书本子"依样画葫芦"，它与学生的个人生活无关，与学生的社会生活、时代要求更无关。所以我主张青年学生之于自然科学应该像爱迪生、富兰克林那样，从实际生活的要求中，从自己的创造和实验中去向自然界进攻。把看电影（在社会主义的社会里，电影具有极伟大的革命意义，但非可论于现在）、吃白相的小零钱积蓄起来去建设自己的研究室、实验室，把自己的交际费省下来去买机械和药品。我们不是都知道将来的社会是电气化的世界吗？那我们就研究电学呀！我们要研究怎样利用吴淞口黄浦江的水去建设全上海的发电所，我们要研究怎样利用长江下游如南京、江阴一带的江水去建设全江苏的发电所，我们要研究怎样利用四川三峡的水势去建设伟大的电站，供给川、鄂等省的农工业。譬如学化学吧，我们要研究怎样防御敌人的毒气,怎样防御敌人飞机的轰炸。这期间所需要的就不仅是化学,并且要利用物理学、地理学、测量学(数学)和工艺学等等。这样去研究自然科学才可以获得实际的知识,发表出意见;见之于文章,才真是有用的文章,不再是"言之无物"了。

但是光是言之有物,还不足以尽自然科学之能事;光是帮助深切地了解社会科学,也不足以尽科学之能事。科学要致用,要直接有利于人类的日常生活。譬如上面所说的电气的研究、工艺学的研究,都是马上就能致用于社会的。不过这里发生一个严重的问题,就是自然科学学好了,究竟给什么社会致用呢?现在自然科学家也不少,他们何尝不是致用于社会?何尝不是人人都以发明和发现自期?然而我们可以说,他们的研究所得,只是供给少数统治阶级的利用,给少数人做剥削多数人的劳动的工具,美其名曰"产业合理化",或是像诺贝尔给帝国主义者发明残杀人类的毒药,或是像爱迪生给帝国主义者发明互相残杀的战具,那不但不能有益于社会,反而危害于人类。我们也不是说,攻守的战具(在阶级未废除的社会中)不可发明,不应发明,杀人的药品不可制造，不应制造，而是要问：你创造这工具或发明这药品是给最多数被压迫的人类（或被压迫阶级）反对少数压迫的魔鬼（或统治阶级），还是给少数压迫的魔鬼（或统治阶级）残杀最大多数的人类（或被压迫阶级）？若是前者，那是对的；若是后者，那就是不可恕的罪恶。要解决这一问题，又要借助于我们前面所说的社会科学了。所以最后，我们劝告青年切实注意社会科学与自然科学之极密切的联系。

第五节　外国文字的常识

清季某省学差考试某县生童时，出了一个题目如下：

毕斯马克拿破仑论

一般生童莫知所出，但是又不能交白卷，于是调皮一点的，"就题打滚"，叙述毕斯马怎样和拿破仑战争，战场上如何布置，两军对垒鏖战如何剧烈，结果毕斯马大克拿破仑，居然"持之有故，言之成理"。榜示发出，居然这位考童的大名高高在上，后来大家传为笑柄。这还是道听途说之言，未可凭为信史。民国二年，我在日本东京读书，看见中国报纸载了章炳麟驳斥王壬秋（？）一篇文章，大意是说王氏把美国之"美"认为源出于中国"尽善尽美"之"美"，英国之"英"源出于中国"三代之英"的"英"，德国之"德"源出于"尧舜禹汤文武周公孔子之德"的"德"。王氏这样牵强附会，完全是"夜郎自大"的心理，而这种心理之所以发生，原因在于不识外国历史，尤在于不识外国文字。这是不识外国文字的苦楚。

还有，读中国翻译的外国科学书，也有许多困难。任凭你翻译怎样好，总不能和外国原本一样，甚至不如原本之外其他西方国文字的翻译本。这是一。有时译本费解，你若不懂外国文字，简直无从索解，这是二。有时原译不错，印刷有误，你若对于外国文字没有相当研究，那你就莫辨真伪，只得"囫囵吞枣"地读过去，不能求甚解了。这是三。我们且举几个例子如下：

（1）我有一个青年朋友W君读陈启修先生译的《资本论》第一卷第一分册时，时常发生困难，不能解决，我常替他翻对原文，深知道不识外国文字的苦。譬如，陈译：

> 宇宙上的一切现象，不管它是人类的手做出来的也好，或是由一般的天然法则做出来的也好，总之，它们都没有表示着什么现实的新创造，倒只不过表示质朴的某一种形态变化罢了。当人类的精神分析着生产的观念时，所能常常反复发现的几个唯一的要素，就是结合和分离；纵然土地、空气、水等等东西会在野外变为牧草，纵然靠着人类的手，一种虫子有黏性的分泌物会变为丝，纵然若干的金属会结合起来变化为一个打簧的表，但是，这些事情都同样不是价值（Valore，指交换价值；虽然维利在他这种对于重农学派的论战里面并没有正确地知道自己说着哪一种价值）及财富的生产罢了。……（一八一九页）

假使你懂德文的话，那你必定情愿读德文，不情愿读陈先生的译文。然而我敢说，这一节还是陈先生译本的最清晰的文字,不过这里有个大错,就是把"使用价值"译成"交换价值"(Tauschwert)。你想这相去多么远啊!

(2)又如下面一段文字:

> 旧的国家的构造之整个基石都发生了裂痕。学生在斗争中仍然是领导者,到了他们不可忍受的时候,他们就开始用恐怖的方法。自从加尔波维赤和巴尔马索夫的枪声发后,所有的流放者都为之震动,如像听到了紧急的信号一样。因此,发生了关于恐怖政策的争论。经过个人的犹豫以后,被放逐的马克思主义派都一致反对恐怖主义。我们说,高度爆炸性的化学是不能代替群众的行动。个人在英勇争斗中牺牲了,但是不能发动群众的行动。我们的任务不是暗杀几个沙皇的总长,而是用革命的手段推翻沙皇制度。这就是社会民主党与社会革命党的分野。当在监狱里,形成了我的理论的观点,政治的自决力则成就于流放时期。
>
> (石越译:《托洛茨基自传》,一九六页)

石先生的译文不知道是根据哪一种译本，或系根据俄文原本，我们不能断定，我手边只有德文本。当我读石译读到这一段时，偶尔翻一翻德文本，发现它们有些不同的地方，而这些不同的地方有的只是文字上的或修辞上的问题，有的却是很严重的错误（陈衡玉君在《读书杂志》第一卷第六期发表了一篇评《托洛茨基自传》，把此书的三种中文译本——刘译、成译、石译——做一个比较，发现石、成两译的错误较多。可参考）。这里我们有四点要研究：

（a）石译所谓"高度爆炸性的化学"，德文本为"Die Chemie der Explosionsstoffe"，应译为"爆发性（或'爆发物'）的化学"，并不含有"高度"的意思。

（b）石译所谓"不能代替群众的行动"，德文本为"Kann die Massen nicht ersetzen"，应译为"不能代替群众"，其中也并无"行动"字样。

（c）石译所谓"不能发动群众的行动"，德文本为"Ohne die Arbeiter klasse auf die Beine zu bringen"，应译为"不能有裨（或'有助'）于工人阶级"。

"群众"与"工人阶级"的意义有广狭之别,工人阶级固然是群众,而群众却不尽是工人阶级,因为农民也有群众,小资产阶级也有群众。

(d) 石译所谓"在监狱里,形成了我的理论的观点,政治的自决力则成就于流放时期",德文本作"War fur mich das Gerangnis eine Periode der Theoretischen Bildung,so wurde mir die Werbannungszeit zu einer Periode der politischen Selbstbesinnung",似应译作"若是监禁是形成我的理论的时期,那么流放时代就是形成我的政治自决力的时期",文意才圆满,文气才畅适。

(3) 程始仁君译的《辩证法经典》,其中有这么一句:

> 于是他在《基督教的本质》中,只把理论的行为看作真正的人类的行为,同时实践又只被人理解和固定于污下的犹太人的现象形态中。(一九—二〇页)

原文如下:

Er betrachtet daher in, Wesen des Christentums nur das theoretische Verhalten als das echt menschliche, wahrend die Praxis nur in ihrer schmutzig judischen Erscheinungsform Gefasst und fixicrt wird. （Marx-Engeis Archiv-s.227）

两相对照，译文似乎不错，然而确实是赘得很，应改译为："所以他在《基督教的本质》中，只把理论的行为看作真正的人类的行为，但是他把实践只解作并且确定它为卑污的犹太人的行为。"

我们现在处在国际的潮流动荡中，若是我们的生活不与国际文化发生联系，那就什么也做不成，就是做洋八股也做不成。这种苦况我们是尝得多了。但是，若果你多学习一国文字，有多学习一国文字的乐趣；多学习两国文字，有多学习两国文字的乐趣。严复说：

> 英国名学家穆勒·约翰有言：欲考一国之文字

语言而能见其理极，非谙晓数国之言语文字者不能也。斯言也，吾始疑之，乃今深喻笃信，而叹其说之无以易也。岂徒言语文字之散者而已！即至微言大义，古之人殚毕生之精力，以从事于一学。当其有得，藏之于心则为理；动之口舌，著之简册则为词。固皆有其所以得此理之由，亦有其所以载焉以传之故。呜呼！岂偶然哉！

自后人读古人之书，而未尝为古人之学，则于古人所得以为理者，已有切肤精忱之异矣。又况历时久远，简牍沿讹，声音代变，则通假难明；风俗殊尚，则事意参差。夫如是，则虽有故训疏义之勤，而于古人诏示来学之旨，愈益晦矣。故曰：读古书难。虽然，彼所以托焉而传之理，固自若也。使其理诚精，其事诚信，则年代国俗，无以隔之。是故不传于兹，或见于彼，事不相谋而各有合。考道之士，以其所得于彼者，反以证诸吾古人之所传，乃澄湛精莹，如寐初觉，其亲切有味，较之觇毕为学者，万万有加焉。此真治异国语言文字者之至乐也。

(严复：《译〈天演论〉自序》)

严复这段话虽然是在做洋八股，所谓"以其所得于彼者，反以证诸吾古人之所传，乃澄湛精莹，如寐初觉"，若果青年人不善读，必定误为西人之所有，中国古亦有之。中国的名人在欧洲言论界常闹这种笑话，如前北京某大学校长在法国某杂志上发表一篇文章，说欧洲现代的社会主义，我们中国在两千年以前就有了，欧洲人士传为笑柄。严氏说"后人读古人之书，而未尝为古人之学"，我们也可以说：中国人读西人之书，而未尝为西人之学。我们青年于此可以获得深一层的了解，不但要读外国文字，写外国文字，并且要深研外国各种科学。因为深研西方各种科学之后，发为文章，自然言之成理，自然理直气壮，自然气盛言宜。

第六节　实际生活的体验

实际生活就是实践，实际生活的体验就是要在实践中抓住这一时代、这一社会、这一阶级、这一团体或个人的实际生活之中心问题，并在这种实际生活中寻找这种问题的解决方法——这是一种说法。言行要一致：说了就要做，所谓"坐而言者起而行"。就是说，你要读书，那你就得去亲尝那种"三更灯火五更鸡"的况味；你要研究生物学，那你就得整日"与鹿豕为友""与花鸟为缘"；你要研究飞行术，那你就得置身航空，在飞机上去与天空奋斗；你要为社会谋改造，那你就得与那些黑鼻灰脸、肮脏褴褛的劳苦群众及"锄禾日当午，汗滴禾下土"的朋友们平吃平坐，才可以脚踏实地，不致空中楼阁——这又是一种说法。与其能说不能行，莫如不能说而能行：他口虽不会说是非，但他的行动却表现他的真是非，所谓"君子欲讷于言而敏于行"。他虽不能执笔为文章，广布天下，虽不能雄辩滔滔，博得听众的鼓掌，然而他在实际生活上体验，复由体验而他的行动越发真实，越发表现他的忠勇坚贞的精神。他这种行动的精神，无形之中已经抓住现在及将来的大众的灵魂。俗话道："干就是了，何必多言！"——这又是一种说法。

譬如在前一节里所引的"若是监禁是形成我的理论的时期，那么流放时代就是形成了我的政治自决力的时期"。这就是说,他的理论不经过监禁这一时期的牢狱中的实际生活的体验,是不能算得真正形成的;他的政治自决力不经过他的流放时期中的实际生活的体验,也就不能算得真正可靠的政治自决力。这是一。

当1907年柏林工人在特列普托公园示威的时候,卢森堡、考茨基、考茨基的妻、希尔费丁、古斯塔夫、爱克斯坦等都参加,一同去示威,路上的冲突越来越厉害,卢森堡定要做一个亲身参加的人,而考茨基只希望做一个旁观者。考茨基就成了一个言不顾行的国际主义者,而卢森堡却成了一个言行一致的伟大革命战士。就是说,考茨基的革命理论在他的实际生活的畏缩的行动中消灭了,而卢森堡的革命理论却因他的实际行动的英勇而证实了,越发光焰万丈了!这是二。

> 马金绝不是一个演说家,说话在他是困难的。而且,他是小心翼翼而深藏若虚的——这是那精力内练的玄关……(Trotzki: *Mein Leber*.s.281)

> ……马金日夜在报馆里,布置各种必要的事情:对印刷工人说明他的希望,几天以后,报纸

就出现。在十月革命那些日子，马金的那个带着阴黯而黔黑的头颅的坚实身躯，老是处在极危险的境地，并且是在极严重的当口……马金把他的经验扩大了——他在完成彼得格勒的无产阶级专政（同前书，二八二页）。

这是只行动而不言语的最可宝贵，也就是每一大事变、大革命中的主力，这是三。

我们在中国的大革命浪潮中滚过多少次，或在军阀战争中亲身经验过，或亲自参加社会运动和学生运动的青年们应该一时一刻都不要放过这种实际生活的体验。首先就应该自己身体力行，然后才可以在实际生活中，即在事变的进程中，体察出这一事变的矛盾与其动因，才可以抓住问题的中心，求得改造和解决的方法。必如是，然后才可以在实际生活的斗争中克服一切困难，排除一切障碍。就是发为言论，揭之报章或刊为专书，也是极有用的文章。但是怎样身体力行？怎样体察事变的矛盾与其动因？又怎样抓住问题的中心呢？我们在前面社会科学一节里已经说了一些，我们在后面论辩证法时还要详细说到，现在只提出一个体验的方法，暂且借着不除庭草斋夫（陶行知）的一篇短文——《军阀的镜子》——做个对象来研究一下，他的短文如下：

> 何君应钦新近演讲中国国民革命到如今只算是打倒了军阀，完成了国民革命的第一个阶段。我们要向何问一问：
>
> 哪几个军阀已打倒？
>
> 哪几个军阀复活了？
>
> 哪几个革命军人变军阀？
>
> 要想对这些问题给一个水落石出的答案，必先说明军阀是什么。且让我下一个定义吧！
>
> "压倒主人自作主，
>
> 挥霍兵饷如粪土，
>
> 强盗进门不抵抗，
>
> 主人赶贼他不许。"
>
> 这是一面检验军阀的镜子。每一个军人只要拿这面镜子把自己的行动比一比便知道自己是不是军阀。我们要知道国民革命与军阀之消长，也只消拿

着这面镜子对着全国的军人照一照，便能一目了然。

（《斋夫自由谈》二五五—二五六页）

我们要研究陶行知先生这一篇短文，首先就要找出这一篇短文的中心问题。陶先生的文字，是因针对着何君应钦"中国国民革命到如今只算是打倒了军阀，完成了国民革命的第一个阶段"的演讲而发的，所以他只提出一个军阀的定义做一面镜子，先给他们那些所谓"革命军人"（何君应钦自然也是其中之一）拿去自己"照一照"，然后再让"我们"这些"主人"拿来"对着全国的军人照一照"，用意甚善。陶先生所制造的这面"军阀的镜子"实在可以当作一面照妖镜，但是我们研究"哪几个军阀已打倒？哪几个军阀复活了？哪几个革命军人变军阀？"等等问题并不是好白相，不是坐在安乐椅上谈天，而是要打倒军阀，而是要从根本上打倒军阀，那么，光靠着陶先生这一面镜子就不够了，而且他这面镜子的本身就变成不健全，变成一面浮光掠影的镜子了。所以，我们果真要打倒军阀，果真要实现所谓"国民革命"，那就是实际问题、行动问题，也就不能

单就现象的表面着想,我们就应该问:

(1)国民革命是什么?

(2)什么人是这一革命的主力?

(3)怎样才可以完成国民革命?

对于陶先生的《军阀的镜子》也就不能不发生问题:

(1)军阀是怎样产生的?

(2)军阀的主人究竟是谁?

(3)中国的军阀为什么不抵抗?

(4)"主人赶贼"为什么"他不许"?

(5)这个主人既被压迫不能作主,那么军阀背后究竟有没有一种力量在那儿牵着他?

若果这些问题都得到圆满解决,那么,陶先生那面镜子才算"刮垢磨光",不但是一个小说上的照妖镜,并且成了病理学上检查病菌的显微镜了。用这个显微镜去照军阀,不但使军阀现出原身,并且把他们的前身,把他们的娘胎都显露出来。军阀"是什么"这个问题既解决,那我们对于国民革命的任务就会深切地感觉到下面两个应当同时解决的问题:

要打倒军阀，必须同时打倒帝国主义；要反抗帝国主义，也必须同时反抗军阀。

现在一般人都在骂：从前说，打倒旧军阀，现在旧军阀打倒，新军阀又出来了。我们只要把二十年来所谓革命文件拿来通统放在我们实际生活的显微镜中，彻头彻尾地体验体验，那就晓得要打倒军阀，仅就军阀的本身着想是不会解决的，要打倒（或反抗）帝国主义，仅就帝国主义本身着想也是不会成功的。一定要"双管齐下"，同时并举，问题似乎可以解决了。然而我们要打倒帝国主义，就会发生以下的问题：

（1）什么是帝国主义？它是怎样的来源？
（2）怎样可以打倒帝国主义？从什么地方打？
（3）什么人才可以担负这一使命？

这么一来，研究的范围又扩大了，我们不但要研究国际关于帝国主义的名著，如《帝国主义是资本主义的最后阶段》、如《财政资本》、如《资本论》一类的著作，我们并且要运用我们数十年或十数年的国民的实际生活的经验，从根本去体察，自然会得出正确的结论，找到正确的路线。

> 你说"打倒军阀",
> 我们就要问:
> "什么是军阀?
> 谁是军阀?
> 哪里有军阀?
> 怎样打倒他?"
> 你说"国民革命",
> 我们就要问:
> "什么是革命?
> 谁是真正的国民?谁是最大多数的国民?
> 革谁的命?
> 谁配革命?
> 为谁革命?
> 怎样才算是真正的革命?"

"打破沙缸问到底"——什么?是谁?为谁?哪里?何处?怎样?一步紧一步地追求,好像追击敌人似的,那你在实际生活中一定会得到许多极有价值的发现,这种发现仅恃书本儿是不会成功的。我们再说一件事做例,譬如,我们要批评胡适等的"好人政府"主义无聊,任你做几千字、几万字,甚至裒然成书的文章,从学理上批评它,都不如陶行知先生的下面一篇寥寥几百字的短文:

> 民国十一年胡适草了一篇《我们的政治主张》发表出来,列名的有蔡元培、王宠惠、罗文干、胡适等十六个人。……后来王宠惠官运亨通,居然做了国务总理,罗文干也做了财政总长。这时,好人们以为时机已熟,可以把自己的主张实行出来。大家组织了一个政治讨论会,每逢星期五举行一次。开了好几次会,而王总理的大政方针老是不肯宣布,大家很不耐烦。一次我到北京,适逢星期五,朋友即拉我去参加讨论,我的记录是:
>
> 蔡元培主席
>
> 胡适起立:
>
> 根据《我们的政治主张》,要请王总理宣布他

的大政方针和计划。

王宠惠登台乱七八糟地说了一大套牢骚话,足足有一个多钟头,最后特别响亮地说:

"胡适,你要我宣布计划,我没有计划!没有计划,就是我的计划……"

蔡元培:"我们这个讨论会,原来是为着交换智识而设的。现在这样闹意见,徒伤感情,不如不开的好。如果大家赞成,我们便从此散会。"

大家赞成蔡议,好政府这出戏便从此闭幕。

(不除庭草斋夫:《斋夫自由谈》,一〇八——一一〇页)

这篇短文章不但是对好人政府主义的致命打击,并且也是对胡适(也是杜威)的实验主义最致命的打击。

第四章　文字的要素

第一节　目的

无论做什么事,皆要有一定的目的;有了目的才可以定计划,有了计划才可以按部就班地向前进行。作文也是这样,未提笔作文,先就得立下作文的目的。就是说,自己应该问一下自己,我为什么而作文?大致说来,作文的目的不外下列五种:

(1) 发表自己对于某种问题的意见。

(2) 发表自己对于某种现象的感兴。

(3) 描写自己内心的生活现象。

(4) 批评某种学理或某种社会。

(5) 与人辩论——攻击或防御。

做文章的人,有时表明他作文的目的,读者一看便了然；有时不表明他的目的，要读者在它的字里行间去寻；有时虽然表明他的目的，却是瞎话，而在人人不经意的地方，又用他种寄托方式隐隐地表白他的目的，读者往往为他所骗。例如《托洛茨基自传》的"自序"说：

> 这本书是一部争论的书。它反映着那全部建筑在矛盾之上的社会生活的动力学。学生对于师长的无礼；会客室的交际中所隐藏的妒嫉的刀剑；继续不断的营业竞争；技术、科学、艺术、运动等等一切部门中之狂赛；根深蒂固的利害冲突爆发于其中的国会的冲突；每日报纸上之剧烈之斗争；工人罢工；参加示威者之被屠杀；文明邻邦互相由空中传送的充满着毒气的包件；在我们的星球上，差不多永远不会停止过的国内战争的可怕的言语——所有这一切都是社会的"争论"之各种不同的形式——从日常的、普通的、经常的，无论它的强度怎样，然而几乎从不为人所注意的起，一直到那非常的、暴烈的、火山似的各种战争与革命争论止。我们的时代是这样，我们是同它一块生长起来的。

我们呼吸于其中,并且生活于其中。假使我们要忠于我们的时代,那我们怎样能以不争论呢?

(德文本序言,十一页)

这很明白说明此书的目的是在"争论"。《资本论》的最终目的是在于:

> 表暴现代社会之经济运动法则。

这是属于第一类的。至于文中或书中不说明它的目的的多,要在读者细细地体察才可领略。譬如小说吧,有的是描写自己或他人恋爱的历史,以发抒个人之喜剧的或悲剧的情感;有的是描写社会某一现象以表暴它的善与美的方面,或表暴它的丑与恶的方面;有的是描写宫廷的秽史;有的描写战争的残酷;有的描写资本家剥削工人的黑幕;有的描写工人阶级之困苦无告的情形;有的描写他们反对资本家社会的斗争。文学中以此类为最多,而小品文或短篇小说简直可以说没有例外。因为文学家运用他的天才的思想,锐利的眼光,卓越的想象力和为阶级利益而斗争的情绪，最精悍、最含蕴、最艺术的技术，把社会的某一部分、某一方面或它的全部分，各方面的动象摄入一篇短文之中。它的目的不是浮在面上的。这是属于第二类的。

有的文学作品虽然说明它的目的，但是因为避免政治上的压迫，这类目的的说明大都是荒唐的无稽之谈，不可相信。如《水浒传》明明是深刻地描写宋元时代乡村中在流氓无产阶级领导之下的农民反抗地主阶级社会的斗争的历史，而作者偏偏说道：

> 吾友谈不及朝廷，非但安分，亦以路遥传闻为多，传闻之言无实，无实即唐丧唾津矣；亦不及人过失者，天下之人本无过失，不应吾诋诬之也。

这明明是他故意地弄玄虚，希图混过当权者的耳目，但同时他又怕读者不明白作者的苦心，当真把他的作品当作"灯下戏墨"，所以接着就说：

> 所发之言，不求惊人，人亦不惊，未尝不欲人

解，事在性情之际，世人多忙，未曾常闻也。

这明明是在提醒世人要了解他作书的宗旨，但又预料"事在性情之际，世人多忙，未曾常闻"，卒亦不能了解。这是何等的痛苦呵！作者又怕读者不明白他的意思，所以在楔子里很郑重地提醒读者和听众道：

且住！若真个太平无事，今日开书演义，又说着些什么？

可见此书不是叙述"太平无事"的闲情逸致，而是记载天下乱离之作，用现代的话说，就是描写当时社会中阶级不平、阶级斗争的剧烈状况，且指出乱事原因在于统治阶级的压迫。金圣叹说得对：

一部大书七十回将写一百八人……而先写高俅者，盖不写高俅便写一百八人，则乱自下生也。不写一百八人先写高俅，则是乱自上作也……

圣叹真是一个天才的批评家,并且是一个了解阶级社会真实根源的天才的批评家(他的杀身,也是表现统治阶级的凶残面目,而他的批评之暴露统治阶级的罪恶,或许就是他的遭祸原因之一)。他能抉出作者作书的目的所在,《水浒传》之伟大精神因亦大白。

我们再看《红楼梦》。《红楼梦》明明是描写清初的宫廷贵族、地主阶族的腐败和地主贵族剥削农民、压迫平民、横行无忌与夫农民生活之痛苦,两阶级的生活悬殊的真实状况,然而它的作者偏偏地说道:

> 作者自云曾历过一番梦幻之后,故将其事隐去,而借"通灵"说此《石头记》一书也,故曰"甄士隐"云云。但书中所记何事何人?自己又云:今风尘碌碌,一事无成,忽念及当日所有之女子,一一细考校去,觉其行止见识皆出我之上;我堂堂须眉,诚不若彼裙钗,我实愧则有余,悔又无益,大无可如何之日也!当此日,欲将已往所赖天恩祖德锦衣纨绔之时,饫甘餍肥之日,背父母教育之恩,负师友规训之德,以致今日一技无成半生潦

倒之罪,编述一集,以告天下知我之负罪固多,然闺阁中历历有人,万万不可因我之不肖自护己短,一并使其泯灭也。所以蓬牖茅椽,绳床瓦灶,并不足妨我襟怀;况那晨风夕月,阶柳庭花,更觉得润人笔墨。我虽不学无文,又何妨用假语村言敷衍出来,亦可使闺阁昭传,复可破一时之闷,醒同人之目,不亦宜乎?故曰"贾雨村"云云……

表面看来,这些表白好像是说《红楼梦》一书不过是在于"告天下知我之负罪固多,然闺阁中历历有人……亦可使闺阁昭传,复可破一时之闷,醒同人之目",其实这是作者的瞎话,也是在混过统治阶级的耳目,避开统治阶级的注意,然而他却怕世人果真把它当作无关紧要之书,所以他在上述一段话语之中,既曰"甄士隐",又曰"贾雨村",这已经说明了书中所言完全是"假语村言",提醒阅者应当了解其中真意。到后来,作者又愤然道:

……可惜世人只知看戏,未必能领略其中的趣味!

真是情见乎词了。总而言之，一篇文字必有一篇文字的目的，没有目的而作文，便是无的放矢，无病呻吟，失却文字的作用了，其实是没有这回事的。所以，作文必定先要有目的，先要打定主意，才是有用之文，这是文字的第一要素。

第二节　事实

文字的第二要素是事实，但是下面一段故事只是一种笑话，不是事实：

> 林子洞里原来有一群耗子精。那一年，腊月初七，老耗子升座议事，说："明儿是腊八儿了，世上的人都熬腊八粥，如今我们洞里果品短少，须得趁此打劫些个来才好。"乃拔令箭一枝，遣了个能干小耗子去打听。

事实总归是事实，但是，这里却也应得有下面两种的区别：

（1）科学论文中的事实，无论是社会科学也罢，自然科学也罢，无论是理论的文字也罢，叙述的文字也罢，它必须根据千真万确的实事。达尔文根据他的数年考察生物界演变的事实，得出生物进化的结论，笔之于书，就成了他的《物种原始》的划时代的名著；摩尔根根据他多年在未开化民族中的考察及考古学、地质学等多年发现的事实，发表他的极伟大的著作《古代社会》；马克思根据他多年研究现代资本主义社会之经济的运动法则，即根据现代资本主义社会之经济运动的事实所抽绎出来的法则，发表他的震古烁今、光照百世的著作——《资本论》。又如牛顿、凯卜列、法拉第、富兰克林、爱迪生、潘加赉、爱因斯坦，其所发表的著述、论文，莫不是根据对自然界的事实的研究和对于自然界各种现象的观察而得到的结果。我们就拿爱因斯坦来说吧，爱氏的相对论本是一种理论的物理学，然而他的学说之成立，完全由他对于物理界所观察的事实为依归，譬如，他主张空间是弯曲的、有限的，光线一直发出去，可以兜一大圈子走回来……

可是现在爱因斯坦氏已放弃他的弯曲空间的观念了。据爱氏的意见，空间大概是无限的、三度的，光线一直发出去不会回来，和历来科学家所假设者相同。不过，此种观念的变动，对于相对论的真实性还是毫无影响。爱氏所以放弃他的弯曲空间观念，有几种原因：

第一，由威尔逊山天文台观测的结果，远处星云的光带向红端移动，星云越远，移动越大，这便是证明宇宙刻刻在膨胀，膨胀的速率异常惊人，每秒钟有十五万英里！爱氏从前以为空间是有定限的，所以他为完成其学说，假定空间是弯曲的，至于这膨胀空间，他却绝未想到。

第二，德国苟庭根大学海克门博士已证明膨胀的空间可以有物质在内，而且仍为欧几里得式。由此假设，爱氏遂放弃他的弯曲空间的主张。

（爱因斯坦氏《放弃弯曲空间》，此文载在五月七日美国的 *Literary Digest*，译文录自六月二十八日《申报》。）

若果这个消息是真的,那我们敢断定爱氏此后所发表的文字必然要根据空间无限的事实。

我们再看列宁的文章。他的文章的作风朴实无华,毫无一点矜持雕琢的痕迹,然而它的感人的力量却是非常之大,这是因为:

(a)他的文章中的一句一字,都是有千锤百炼的事实做骨子;既然是事实,所以用不着肤词滥调。

(b)他彻底地了解国际上极复杂的关系,俄国内各阶级间的比重与工农群众的急切要求,所以他所举的事实乃是社会的最复杂、最隐秘、最深奥,同时又是极普遍的社会现象。所以他说:

> 马克思主义者当做现状之分析的时候,不应该从可能出发,而应该从现实出发(Briefetiber Taktik)。

从"可能"出发分析现状就不免陷于幻想,那他的策略也就必然偏于主观;从"现实"出发,则分析现状的结果必可得到切乎实际的正确的策略。所以,事实一层在讨论政治问题、革命问题的文字上,意义尤为重要。

(2)文学上的事实与上面所述的社会科学与政治科学的事实稍微有点不同。

第一,历史小说的事实。这是根据历史上有名的史实加以敷衍,如《三国演义》的刘备、孙权、曹操及关云长、张飞、周瑜、鲁肃、诸葛亮等人,历史上实有其人,魏、蜀、吴的相争也是事实,但是其间人物穿插、情节交错,全由作者的历史的知识与构想能力以及他对于当时社会之客观的社会关系的观察,均为构成这部小说的条件。又如《水浒传》也是这样。《水浒传》中的宋江等三十六人也是载在历史的,宋江等聚众造反也是历史的事实,然而豹头林冲怎样在山寨火拼,梁山泊好汉怎样在江州劫法场,武松怎样打虎、怎样杀嫂,那也全是由作者研究历史、观察当时社会的阶级关系的结果。武松虽不必有其人,西门庆虽不必有其人,然而当时社会必常有此种现象是可以断言的。蔡知府之要斩宋江,与梁山泊好汉之劫救宋江等,虽不必实有其事,然而当时的统治阶级的压迫农民与夫农民群众因乡村流氓无产阶级的领导大起反抗,杀官劫库,与统治阶级的军队作战，必是常见的事实。又如，大仲马的《侠隐记》，所谓德拉费伯爵、达特安等虽不必实有其人，然而它叙述路易十四朝之史实与夫当时与英国之关系——战争、外交、宫廷、红衣主教等等，却是有它的历史来源，便应承认他的叙述有历史文学上的价值，因为它"没有时代错误"。至于《红楼梦》、《西线无战事》、鲁迅的《阿Q正传》等类的文学作品，它的作者或即是书中之主角，不然也是亲见亲闻的，所以它所描写的事实是逼真的，都是作者当时社会之全部的或一部的反映，自然不成问题。又如《西游记》一类的理想小说，云来雾去，海阔天空，好像谈不到什么事实，然而不管怎样，它总脱离不了作者当时所生存的社会之生活的反映。玉帝天宫虽然是琼楼玉宇，异草奇花，然而他们在那里养尊处优，一事不做，全赖四方供给，俨然一人间的剥削阶级；孙悟空虽然有偌大本领，只因为他的出身微贱，来自被压迫阶级，那就被上天一班贵族视为禽兽，视为奴隶，不能与他们等量齐观，不能与他们同格升进，等待老孙起来反抗，大闹天宫，天兵大败，玉帝宫廷惊惶失措，才来与老孙妥协，封他齐天大圣，欲以功名笼络他。凡此等等，皆是一股人间烟火气，也可作为寓言小说之一种事实。

还有一种文学，专以阿谀取容，欺世盗名，易黑为白，指鹿为马，替统治阶级辩护，古今中外，比比皆是。现在这类文字中国也不少，或则比西方的来得更赤裸裸的。那我们最客气，也只有请它到字纸篓儿里去，我且引陶行知先生的《字纸篓里的颂词》做个结论吧，他说：

> 中国无是非。世界无是非。如果有是非便是：强者是，弱者非；富者是，穷者非；胜者是，败者非；走运者是，倒霉者非。该说公道话的人不说公道话而说敷衍话，则是变为非，非反为是，而是非消灭了。

> 国民会议开幕时，蔡孑民先生写了一篇四言颂词，里面有两句是："济济一堂，农工商士。"我们按图索骥，会场里找不出一个靠自己种田吃饭的真农人，也找不出一个靠自己做工吃饭的真工人。该说公平话的蔡先生是和甘地先生敷衍法国人一样地令人失望。

假使五十年或一百年之后,有位小胡适,爱做考据工夫,误以德高望重的蔡先生的亲笔颂词做证据,岂不要弄假成真,变非为是?

到底是非也不易埋没。字纸篓里有时会跑出史料来。下面便是当时报章登不出来、火炉里幸而没有烧完的一篇文字,现给发表一下,谁是谁非,听读者自判吧。

孙公遗教:天下为公。国民会议,乐与谁同?
吾观代表:士商亨通。农不像农,工不像工。
农工皆士;士亦农工。公仆当国,僭主人翁:
国之大本,忍付东风。异己信徒,亡命西东。
青青年少,伐若枯松。民入地狱,自造天宫。
口谈革命,主义失踪。己不受训,训人谁从?
中山有灵,泪洒群雄。蔡子长者,后学所宗。
恕持异议,言出由衷。愿公登高,发聩振聋。
念头转处,书蛇成龙。云霓在望,草木重荣。
漫漫长夜,浩浩长空。亦孔之忧,吾望无穷。

(注)全文登载在二十年五月五日《时事新报》上,兹转载于下:

庆祝国议蔡元培亲笔颂词

新会任务	解决国是	遗教谆谆	瞬逾六祀
今幸统一	训政开始	时会既成	召集于此
济济一堂	农工商士	消弭众岐	指示正轨
力谋建设	公宏民祉	制定约法	以张民纪
讨论问题	得其神髓	主义实现	辉煌国史
使命不辱	上慰总理	宪政可期	兆民咸喜

据陶行知先生的意思，是说蔡子民先生不说公道话，颂词所颂都非事实，因为变是为非，反非为是，那是绝对的正确。然而陶先生所认为"字纸篓里""跑出来的史料"的一篇四言词，是对蔡子民先生这位"德高望重"的人陈述他的希望的。里面也有些似是而非的话，然而它仍然顶着那顶玄学鬼骗人的白帽子，把封建时代的乌托邦的理想，来做我们20世纪的反帝国主义、反军阀、反帝国主义走狗，资产阶级斗争的中国人的金科玉律，那岂不是如郑板桥所说的"起手便走错了路头，后来越做越坏，总没有个好结果？"此文稍微严格地说，也只有仍然请它到字纸篓里去，爽快一点，把

它送到火炉里净化一下更好。至于陶先生对于蔡子民的"济济一堂,农工商士"的反诘的理由:"会场里找不出一个靠自己种田吃饭的真农人,也找不出一个靠自己做工吃饭的真工人",这完全是形式逻辑。我们就不这样提出问题,我们应该问:

(1) 这个国民会议的本身是不是由"靠自己种田吃饭的真农人"和"靠自己做工吃饭的真工人"选举出来的(由无条件的普通选举出来)?

(2) 这些所谓国民会议代表有几个是能真正站在工农大众利益上发表意见的?

(3) 这个会议背后是靠着"靠自己种田吃饭的真农人"和"靠着自己做工吃饭的真工人"做保障或受他们的严格的监督呢,抑或另有一种特殊势力牵着线在那儿玩猴人戏呢?

我们青年每逢作文下笔时,自己应该严格地问一问:这是"事实"吗?

我们青年每逢读人的文章时,也应该严格地问一问:这是"事实"吗?

"事实"还是事实,因为它不是空口说白话,它是要有铁一般的"证据"的!

第三节 语言

语言为文字的必要条件即要素,这是不待言的;现代的文字之必用现代的语言,即语体,又名白话,更是不待言的。但是现代的语言也有很大的区别,不可笼统一概而论,约略分之如下:

(a) 现代统治者即士大夫的语言、买办商人的语言属之。

(b) 被统治者的语言,即平民或贫民的语言。

(c) 而被统治者又可分为工人社会的语言与农村中一般农民的语言。

(d) 特殊社会的语言,如战争的士兵的语言与妓院中的语言之类。

(e) 方言,例如,苏白、粤语、北京话、湖北话、宁波话。

(a)、(b)、(c) 各种语言是因社会的分化的关系而发生的; (d) 种语言是因特殊社会各自的实际生活而发生的；（e）种语言是因地域不同而发生的，而在方言之中，亦不能脱离社会阶层关系所发生的区别。你要描写统治社会，你就得用道地的统治者的社会中所流行的语言；你要描写工人社会，你就得用道地的工人社会中所流行的语言；你要描写农民社会，你就得用道地的农民社会中所流行的语言。不然，那你所描写的就不是逼真的、客观的事实，而是主观的矫揉造作。其他皆可类推。譬如，《官场现形记》写左杂一类的小官，写得毕真，极好，但是它写大官便失败了。因为他写小官时所用的语言确实是逼真的小官日常生活用的语言，写大官时所用的语言便不是逼真的一切合乎大官实际的日常用的语言。又如蒋光赤的《少年漂泊者》和《鸭绿江上》所描写的是学生的革命情绪、革命思想的转变，它的语言也是比较天真的学生的语言，所以在他个人的文字发展上还算是成功的；至于以后的作品如《最后的微笑》，其思想如何暂且不论，而就描写所用的工具言之，可算是完全失败，因为它所描写工人阶级的生活、思想、行动、感情、交际等等，都是用他自己的语言写的，不是用工人自身的语言写的。换句话说，是它的作者在窗明几净的书桌上，由主观的意识造作出来的，不是从工厂中、从鸽子笼中、从茶馆饭店中得来的语言写的。天才的文学家，他写哪一类的人就用哪一类人的语言，写哪一社会的人，就用哪一社会的语言，曹雪芹就是这样，他写刘姥姥，完全用乡村农民的语言，譬如：

……因此，刘姥姥看不过，便劝道："姑爷，你别嗔着我多嘴。咱们村庄人家儿哪一个不是老老实实守着多大碗儿吃多大的饭呢？你皆因年小时候，托着老子娘的福，吃喝惯了，如今所以有了钱就顾头不顾尾，没了钱就瞎生气，成了什么男子汉大丈夫了！如今咱们虽离城住着，终是天子脚下。这长安城中，遍地皆是钱，只可惜没人会去拿罢了！在家跳塌也没用。"

狗儿听了道："你老只会在炕头上坐着混说，难道叫我打劫去不成？"刘姥姥说道："谁叫你去打劫呢？也到底大家想个方法才好。不然，那银子钱会自己跑到咱们家里来不成！"狗儿冷笑道："有法儿还等到这会子呢！我又没有收税的亲戚、做官的朋友，有什么法子可想的？就有也只怕他们未必来理我们呢。"刘姥姥道："这倒也不然，'谋事在人，成事在天'，咱们谋到了，靠菩萨的保佑，有些机会也未可知。我倒替你们想出一个机会来。当日你们原是和金陵王家连过宗的，二十年前，他们看承你们还好，如今是你们'拉硬屎'，不肯去就和他，才疏远起来。想当初我和女儿还去过一遭。他家的二小姐着实爽快，会待人的，倒不拿大，如今现是荣国府贾二老爷的夫人。听见他们说，如今上了年纪，越发怜贫恤老的了，又爱斋僧布施。如今王府虽升了官儿，只怕二姑太太还认得咱们。你为什么不走动走动？或者她还念旧，有些好处，也未可知。只要她发点好心，拔根毫毛比咱们的腿还壮呢！"刘氏接口道："你老说的好！你我这样嘴脸，怎么好到她门上去？只怕她那门上人也不肯进去告诉，没的白打嘴现世的？"

（参看王灵皋：《国文评选》第三集《刘姥姥进荣国府》）

刘姥姥进荣国府两次都是用农村老妪的口语描写的，所以逼真，所以成功，但《红楼梦》的作者描写一班当差的、强奴健仆一种特殊社会人物的时候，则又用这一特殊社会的语言，故而有声有色。你看他写焦大写得多么好：

> 尤氏等送至大厅前，见灯火辉煌，众小厮们都在丹墀侍立。那焦大又恃贾珍不在家，因趁着酒兴，先骂大总管赖二，说他"不公道！欺软怕硬！有好差使派了别人，这样黑更半夜送人就派我！——没良心的忘八羔子！瞎充管家！你也不想想，你焦大太爷跷起一只腿，比你的头还高些！二十年头里的焦大太爷眼里有谁？别说你们这一把子的杂种们！"

这活画一个一般人所谓"下流社会"的情状。至于他用贵族的语言描写贵族的生活，那更是惟妙惟肖，不用赘话。又如吴敬梓的《儒林外史》描写胡屠户：

一个人飞奔去迎,走到半路,遇着胡屠户来,后面跟着一个烧汤的二汉,提着七八斤肉,四五千钱,正来贺喜。进门见了老太太,老太太哭着告诉了一番。胡屠户诧异道:"难道这等没福!"外边人一片声请胡老爹说话。胡屠户把肉和钱交与女儿,走了出来。众人如此这般,同他商议。胡屠户作难道:"虽然是我女婿,如今做了老爷,就是天上的星宿,天上的星宿是打不得的!我听得斋公们说,打了天上的宿星,阎王就要捉去打一百铁棍,发在十八层地狱,永不得翻身。我不敢做这样的事!"邻居内一个尖酸人说道:"罢了!胡老爹!你每日杀猪的营生,白刀子进去,红刀子出来,阎王也不知叫判官在簿子上记了你几千条铁棍!就是添上这一百棍,也打什么要紧?只恐把铁棍子打完了,也算不到这笔账上来,或者你救好了女婿的病,阎王叙功,从地狱里把你提上第十七层来也未可知。"报录的人道:"不要只管讲笑话。胡老爹这个事须是这般,你没法子权变权变?"

……

说着,一直去了。来到集上,见范进正在一个庙门口站着,散着头发,满脸污泥,鞋都跑掉了一只,兀自拍着掌,口里叫道:"中了!中了!"胡屠户凶神般走到跟前,说道:"该死的畜生!你中了什么?"一个嘴巴打过去。……不想胡屠户虽然大着胆子打了一下,心里到底还是怕的,那手早颤起来,不敢打第二下。

用胡屠户这一社会与其邻近一般所谓贫民社会的语言来描写范进发生痰迷这一故事,栩栩生动,而于当时一般社会对于科名思想中毒之深,亦可得到深切了解。至于《儒林外史》描写士者阶级、土豪劣绅及其希望爬到士者阶级的心理,那更是用的他们一种特殊的语言,这是《儒林外史》的最大部分、最主要部分的语言,我们在下篇专论中将要说到,现在只引下面一节做个例:

一会同幕客吃酒(指范学道同幕客吃酒——灵皋),心里只将这事委决不下,众宾也替他猜疑不定。内中一个幕客蘧景玉说道:"老先生这件事倒合了一件故事。数年前有一位老先生点了四川学差,在何景明先生处吃酒,景明先生醉后大声道:'四川如苏轼的文章,是该考六等的了。'这位老先生记在心里,到后典了三年学差回来,再会见何老先生说:'学生在四川三年,到处细查,并不见苏轼来考。想是临场规避了。'"说罢,将袖子掩了口笑,又道:"不知荀玫是贵老师怎样向老先生说的?"

范学道是个老实人,也不晓得他说的是笑话,只愁着眉道:"苏轼既文章不好,查不着也罢了。这荀玫是老师要提拔的人,查不着,不好意思的。"一个年老的幕客牛布衣道:"是汶上县?何不在已取中入学的十几卷内查一查?或者文字好,前日已取了,也不可知。"学道道:"有理,有理。"忙把已取的十几卷取了,对一对号簿,头一卷就是荀玫。

上面的幕客和学道的对话就是士者阶级的语言,它可以表示这一阶级的特殊生活与特殊心理。

以上还是说的描写时用的各种不同的社会所用的语言，至于作者叙述某一事件或批评某一问题，自然要有他的一种语言作为脉络，作为骨干。譬如《红楼梦》吧，它虽然是主旨在描写贵族社会的生活，其中贵族社会的语言占去大半，同时叙到农民社会，又有农民社会的语言，叙到流氓和奴仆之流，又有流氓和奴仆之流的语言，然而它的脉络和骨干却是当时流行的一种普通的语言，也可以说民间的语言。《儒林外史》也是这样：它叙述士大夫阶级则用士大夫阶级的语言，叙述流氓社会则用流氓社会的语言，叙述农民则用农民社会的语言，然而它本身却有一种作为脉络和骨干、借以穿插全体的语言，即当时江南一带的平民间一般流行的语言，即普通话。这是我们应当注意的。总而言之，我们无论做哪一种文字，批评论辩的文字也罢，叙述描写的文字也罢，总得有一种比较普通的语言（不是全国的便是某几省的，或是某一省、某一地方的方言）作为脉络和骨干，然后，叙到哪一社会的人的言语、行动，就用哪一社会的语言；叙到哪一地方的人的言语、行动，就用哪一地方的语言。这就难了。那么，怎样才可以达到这个目的呢？没有别的方法，只有：你要描写某一社会或某一地方的人或物，就得深深地熟悉和了解这一社会或这一地方人民的经济生活和他们之间的阶级关系，然后才可以得到他们这一社会或这一地方的语言的神髓。这一层，我们的中学校的青年们自然做不到，我们也卑之勿甚高论，只要能用他的普通话或比较普通的方言作文就得了；至于进一层的办法，则各视其力之所及，努力去做，能多进一步便得一步的妙处，便得一步的效用。

第四节　思想

语言是文字的一个必要条件，我们在前面已经说明白了，就是说，要用极普通、极平民化的语言即白话来写文章，同时尽可能地运用工农社会的语言以及其他特殊社会如流氓社会、官僚社会、统治阶级社会分别描写它们，并且尽可能地运用各地方言，以描写各地社会的生活，这是进一步的研究。但是，语言的问题虽然解决了，却同时又发生一个问题。用语体文作文的，不见得都是好文章，譬如，《红楼梦》《儒林外史》固然是用白话做的,《圣谕广训》《新旧约》不也是用白话文写或译的吗?这里就不单是文字的问题,而是思想的问题了。

文字必含有思想,这是不成问题的,但是我们所要问的是一种什么思想。现在有些人当评论人物时常常说,某也有思想,某也没有思想。这句话的说法有两种意义:一是说,某也能思想,某也不能思想;一是说,某也思想新,思想好,某也思想旧,思想不好。前一个说法固然不是我们这里所论的意思,即是后一个说法,也为我们所不取。因为无论好思想、坏思想,新思想、旧思想,总归是一种思想。至于能思想与不能思想,只是程度上的不同,不是绝对的。因为能思想的,固然要思想;不能思想的,不是不思想,不过思想中枢的神经系统的运动不灵敏,感觉不能迅速集中于它的对象。这是心理学的问题,不是我们这里所应讨论的。

我们这里所讨论的思想,是就文字的内容所包含的作者对于他所叙述或所讨论的事实与问题的态度、意识、观点等等,没有一篇文章不表露它的作者的态度、意识和观点的。不管作者如何地"深藏若虚",然而他的思想总要从字里行间流露出来,所以,思想是文字的

第三个要素。我们且举几节文字来做个例子如下：

（1）君者，出令者也；臣者，行君之令而致之民者也。君不出令，则失其所以为君；臣不行君之令而致之民，则失其所以为臣；民不出粟米麻丝，做器皿，通货财，以事其上，则诛。

（韩愈）

（2）我想天地间第一等人只有农夫，而士为四民之末。农夫：上者种田百亩，其次七八十亩，其次五六十亩，皆苦其身，勤其力，耕种收获，以养天下之人。使天下无农夫，举世皆饿死矣。……工人制器利用，贾人搬有运无，皆有便民之处，而士独于民大不便，无怪乎居四民之末也，且求居四民之末，而亦不可得也。

（郑燮）

（3）单说那劳工代表Frahne（？）先生，他站起来演说了。他穿着晚餐礼服，挺着雪白的硬衬衫，头发苍白了（圈点是我加的——灵皋）。他站起来，一手向里面衣袋里抽出一卷打字的演说稿，一手向外面衣袋里摸出眼镜盒,取出眼镜戴上,他高声演说了。

他一开始便使我诧异。他说:"我们这个时代可以说是人类有历史以来最好的最伟大的时代,最可惊叹的时代。"

这是他的主文。以下他一条一条地举例来证明这个主旨。他先说科学的进步,尤其注重医学的发明;次说工业的进步;次说美术的新贡献,特别注重近年的新音乐与新建筑;最后他叙述社会的进步,列举资本制裁的成绩,劳工待遇的改善,教育的普及,幸福的增加。他在十二分钟之内描写世界人类各方面的大进步,证明这个时代是人类有史以来最好的时代。

我听了他的演说,忍不住对自己说道:"这才是真正的社会革命。社会革命的目的就是要做到向来被压迫的社会分子能站在大庭广众之中歌颂他的时代为人类有史以来最好的时代"。

(胡适)

(4)如托尔斯泰的"难道这是应该的吗?"

全篇所描写的。

（《托尔斯泰短篇小说集》，耿济之等译，商务版）

（5）罗马奴隶为他的所有者的锁链所系，工银劳动者则为他的所有者的不可见的线索所系。不过工银劳动者的所有者不是个别的资本家，而是资本家阶级。

（德文本，考茨基版：*K.M.Das Kapital* s.509）

自由劳动者有两重意义，即是：他们既不像奴隶、农奴等等那样，自己直接隶属于生产要具，也不像自耕农那样，生产要具隶属于他们，他们对于那些生产要具毋宁说是自由的、解放的并且是孑然一身的。

（同前书，六四六页）

以上五个人——韩愈、郑燮、胡适、托尔斯泰、马克思——的文章，都是关于工农阶级的状况和他们与统治阶级的关系，但是他们各人的文字内容却大不相同。

韩愈的话就是说，工农阶级应该白出劳力供养他们的统治阶级；不然的话，就应该吃官司、砍头，用现在的语言说就是"枪毙"。

郑板桥（燮）客气得多了，他把工农的地位抬高了，商人的价值也抬高了，尤其是替农民抱不平，摆出一副慈祥恺恻的面孔，所谓"仁者之言，蔼如也！"但是他所说的农民是富农、中农，顶多不过是自耕农，而且他虽然抱不平，却把农民穷年累月，自朝至暮，苦其身，勤其力，耕种收获，以养"其上"——地主阶级与夫适应这种封建阶级生产方法的统治者，变成了"以养天下之人"，轻轻地把地主阶级、封建阶级的剥削和压迫的罪恶一笔撇开，使问题的性质完全变了，使一般被剥削、被压迫的农民认不清症结所在，耳朵根子听着快活，好拼命地出力报效地主阶级，死而无怨。

托尔斯泰不同了，他虽然是衣租食税的大贵族，但他却义形于色地替农民、工人打不平，向着全人类提出"这是应该的吗？"的问题，但是他虽然提出问题，却没有透出他的解决方法来。有之，也不过是他全部人生观、全部哲学——不抵抗主义罢了。他虽然当贵族阶级没落的时候发出许多惊心动魄、惊风雨、泣鬼神的言论，然而他到底不能舍却他的本阶级的利益，转过身来，站在工农群众方面，积极地向地主、贵族阶级的社会组织进攻。这也不是偶然的呀！

马克思则不然。他完全献身给无产阶级，从历史的研究和资产阶级社会的生产关系、生产方法的分析，一方面，从事实上把资本主义的罪恶须眉毕现出来；一方面，从这种分析中，便自然而然地透露出解决的曙光来。他不像托尔斯泰那样情感地同情于工农群众，而是替无产阶级用极冷静、极博学的头脑去分析资本主义社会生产方法的运动法则。他把资产阶级对于工人、农民的极残酷的剥削与压迫的事实都放在他的冰冷的天平上，冰冷的解剖刀下，找出它的前因后果。

我们中国的胡适真特别的乖巧！他把那位"穿着晚餐礼服，挺着雪白的硬衬衫"，在国际资产阶级及其走狗的大会里厮混的"头发苍白了的"朋友当作世界"劳工代表"！他听了这位"劳工代表"无耻地歌颂"这个时代"（资本帝国主义一方面利用它极高度的生产合理化极端地剥削世界工人，一方面利用它极高度的科学制造杀人机器，争夺殖民地，屠杀殖民地的工农群众，并且同时也一样地枪杀它本国工农群众的时代！！！）是

"最可惊叹的时代!"于是我们这位大博士便一唱三叹,喜形于色地、"忍不住地……说道:这才是真正的社会革命"。他说:"社会革命的目的就是要做到向来被压迫的社会分子能站在大庭广众之中歌颂他的(?)时代为人类有史以来最好的时代。"大众听着!胡适眼中的社会革命"就是要做到向来被压迫的社会分子能站在大庭广众之中歌颂他的时代……"那么,我们中国早已实行过社会革命了,并且天天在实行社会革命,因为:

(a)在我们中国也可找到并且已经找到一些所谓被压迫的分子(我们说是"工农群众")"穿着晚餐礼服,挺着雪白的硬衬衫"到大庭广众之中去歌颂"革命成功"!

(b)在我们中国也可找到所谓"工会",时时在"大庭广众之中"用"等因奉此"的文字歌颂他们的"革命成功"。

无怪乎樊迪文、采特里、考茨基、麦克唐纳、赫里欧等一班国际工贼在那里耀武扬威,他们是由"穿着晚餐礼服,挺着雪白的硬衬衫",从无产阶级队里跑到资产阶级的大庭广众,歌颂资产阶级的时代,认为是他们的时代。不错,到后来果真是他们的时代了,因为他们完全变了资产阶级的螟蛉子,那却不是国际无产阶级和其他一切劳动大众的时代!

你看!从韩愈到马克思,他们五个人同是谈的工农大众的问题,而他们的文字所包孕的思想真是相去天渊。韩愈完全代表地主贵族阶级统治鼎盛时期的统治阶级的思想;郑板桥却是代表乡村资产阶级或富农,并同情于商业资本主义的利益,挂着仁爱的面孔,去对被剥削阶级"假惺惺",借以欺骗工农大众的思想;托尔斯泰是代表农奴解放以后,贵族地主阶级日趋没落,劳动运动正在发展时期的俄国贵族地主的矛盾思想;马克思完全是为无产阶级而斗争的理论指导者与行动指导者的思想;至于胡适,则完全是当代资产阶级麦克唐纳一流人的思想。

青年们作文时要如临深渊、如履薄冰地审慎自己的思想的出发点,应该严格地自己问问:我的思想究是哪一种思想呢?或去或从,或取或舍,你自己就有一点把握了。

第五节　读者

做文章有了目的、事实，又有了适当的语言和正确的思想，当然会做出好文章来，然而却不尽然。有时文章做得果然好，内容也充实，然而却是文不对题，或则对象不明。从前梁启超因清华学校学生留美，给他们开了一个"国学入门书要目"，把二十四史、《资治通鉴》、《文献通考》、《续文献通考》、《皇朝文献通考》以及其他四部之书中重要的都包括在内，这自然是梁启超主观地在那儿卖武艺，他一丝一忽也没有顾及他给开书目的对象，而且必须读了二十四史、十三经、诸子、群经，才算入了国学之门，那这个倒霉的国学还是把它丢到茅厕里去好，不然，它会葬送大多数有为青年的宝贵光阴，这就是没有认清文字的对象——"读者"的缘故。胡适比梁启超要乖巧些了，他在他的"一个最低限度的国学书目"的末尾开了十几部明清两朝的小说，算是有点意思；然而它前面包括经史子集四部之书的170余部"最低限度的国学书目"也就够吓煞人的了。清华学生批评得对——"不合于'最低限度'四

字",他们并接着说道:

……我们以为定清华学生的国学的最低限度,应该顾到两种事实:第一是我们的时间,第二是我们的地位。我们清华学生,从中等科一年起,到大学一年止,求学的时间共八年。八年之内,一个普通学生,于他必读的西文课程之外,必肯切实地去研究国学,可以达到一个什么程度,这是第一件应该考虑的。第二,清华学生都有留美的可能,教育家对于一般留学生,要求一个什么样的国学程度,这是第二件应该考虑的。

总而言之一句话:"要顾及读者的需要",并且"要顾及读者的能力与时间"。不但对于清华学生开一书目应该如此,一切文字都要预先顾及它的读者。我们家乡有一句俗语:"什么客,什么待;什么人,什么菜。"所以,文章应当顾及它的对象——"读者"。时代不同了,不但梁启超氏的"国学入门书要目"成了狗屁不通的东西,即使胡大博士的"一个最低限度的书目提要",到了现在也一钱不值了。有一位朋友曾经谈及此事,他说,梁、胡的书目提要在现代青年的新要求之下,它们的地位就要被下面一篇书目所代替了:

一、哲学

Hegel: *Science of Logic* 2 Vols

Engels: *Feuerbach*

Engels:《自然界的辩证法》

Plekhanaff:《马克思主义的根本问题》

Plekhanaff:《史的一元论》

列宁:《唯物论与经验论评论》

二、政治经济学

马克思:《政治经济学批判》

马克思:《资本论》

希尔费丁:《财政资本论》

卢森堡: *Die Akkumulation.des Kapital*

列宁:《帝国主义》

列宁:《俄国资本主义之发展》

波格达诺夫:《经济学大纲》(施存统译)

……

三、历史

克鲁泡得金：《法国大革命史》（刘镜园译，神州国光社出版）

马克思：《法国之阶级斗争》

马克思：《邦拿巴特之布鲁美尔月十八日》

恩格斯：《革命与反革命》

马克思：《法国之国内战争》

托洛茨基：《一九〇五年》

托洛茨基：《俄国革命纪实》

约翰里德：《惊天动地之十日》

列宁：《列宁全集》第二十、二十一卷，一九一七年文存

托洛茨基：《我的生活》

托洛茨基：《俄国革命史》（一九一七）（已出版一册）

恩格斯：《家庭、私有制和国家的起源》

莫根（摩尔根）：《古代社会》

以上书籍，我认为是青年应当用心地读的。但

这不是说青年们必须将这些书读完,才算在马克思主义学校中毕业,这只是说我们在读书时应当首先从这些有思想的书中选择……

(神州国光社:《读书杂志》第二卷第一期)

刘先生给我们青年指定在"国难期中青年应读"之书样样都对。刘先生并给我们指教:"(一)读最有价值的书;(二)反对学院主义;(三)读书与札记与发表。"这些也都是金科玉律。刘先生的文章自然是有价值的,但是我觉得他写这文章时,未尝顾虑到他是对什么一种青年说话,就是说,他应该顾到:

(a)大学程度的青年与中学程度的青年的区别。

(b)中国缺乏图书馆;纵有,也没有刘先生所开的书籍供青年浏览。

(c)中国青年的经济状况是困难的,打算读到刘先生所开的书籍的青年,一百个就有一百〇一个穷,哪有钱去买《资本论》?(全部英文的约值国币四五十元;德文的稍廉,也要三十多块。近来德文本

第一卷有了普及本,据说只需国币两块多钱)。

(d)一般青年的学力,不但中学程度的青年读《资本论》及黑格尔的《逻辑学》费力,即大学程度的青年,恐亦吃力。不比莫斯科列宁学院有很好的教授指导,他们可以很顺利地进行(最近罗森堡出一书,名《资本论的解释》,就是在列宁学院指导研究《资本论》第一卷的书)。

(e)我们对于青年,不应当专从低能的着想,也不应当专从天才的着想(对于低能和天才的青年,另有特殊的指导方法),因为他们是居少数;我们应从大多数也非低能、也非天才的青年着想,那才不辜负刘先生这一番苦心。

所以,无论做什么文章,首先就要顾虑到它的读者,犹之乎教员上教室和与人谈话,首先要顾及他的听众和对方的程度及其他一切应顾虑的情形,不然,就是闭着眼睛说话,文章做得虽好,也是无用。譬如,前天有某儿童杂志社找我做文章,我脱口答应了,但过后一想,倒为难起来,因为做儿童杂志的文章,是在对儿童说话，除却了其他文章所应具的条件都得具备以外，还须具备以下三个条件：

（a）深切地研究过儿童心理学，能以切实体察儿童社会的生活。

（b）深切地洞察中国现代社会一般家庭实际生活与其教育的状况，并深切地洞察中国小学生生活与其教育的实况。

（c）能极其天真烂漫地说儿童的话语，说原始人类的话语，因为儿童与原始人类的状态一样。周作人先生说，安得森的"独一无二的特色，就止在小儿一样的文章，同野蛮一般的思想上"，这话是对的。

这样一想，我呆了，自己埋怨自己道："这叫作'破船多揽载'！"要做童话，至少要做到安得森那样，然而在现在就是学到了安得森也还不够。因为小儿的生活状态，在文化发达的社会中的野蛮状态，与在文化落后的社会中的野蛮状态是不同的，不体贴到这一层是要失败的,而且这一阶级的儿童的生活与那一阶级的儿童的生活也是不同的,他们的野蛮状态自然也就要分别来看,不能一概而论。

第五章 文字的戒律

作文也和说话一样,最讨厌的是虚伪、夸大、模仿、轻薄、阿谀、傲慢,这些都是文字上的戒律。

第一节 虚伪

在不平等的社会中,即在有阶级的社会中,一方面是剥削阶级,一方面是被剥削阶级;一方面是压迫阶级,一方面是被压迫阶级。人们的生活自然是不能有真正的自由的,不但行动如此,就是在语言文字之间也是一样。这种社会的氛围气中,在足以养成人们一种口是心非、言不顾行,或者是曹雪芹所说的"之乎者也,非理即文,大不近情,自相矛盾"的"虚伪"。虚伪的文章在现存的社会中及已往的社会中真是汗牛充栋,滔滔皆是，这是社会中有一种势力逼着人说话不得不虚伪，作文不得不虚伪。这种势力，一方面是刑戮，一方面是富贵功名、身家妻子。韩非形容得最好，他说：

> 凡说之难，非吾知之有以说之之难也，又非吾辩之能明吾意之难也，又非吾敢横失而能尽之难也。凡说之难，在知所说之心，可以吾说当之。所说出于为名高者也，而说之以厚利，则见下节而遇卑贱，必弃远矣。所说出于厚利者也，而说之以名高，则见无心而远事情，必不收矣。所说阴为厚利而显为名高者也，而说之以名高，则阳收其身而实疏之。说之以厚利，则阴用其言显弃其身矣。此不可不察也。
>
> 夫事以密成，语以泄败。未必其身泄之也，而语及所匿之事，如此者身危。彼显有所出事，而乃以成他故，说者不徒知所出而已矣，又知其所以为，如此者身危。……贵人有过端，而说者明言礼义以挑其恶，如此者身危。贵人或得计而欲自以为功，说者与知焉，如此者身危。强以其所不能为，

止以其所不能已，如此者身危。

(韩非子：《说难篇》)

像这样去说话，哪能不虚伪？像这样去作文，又哪能不虚伪？虚伪成了习惯，习惯便是极大的权威，世间有几人能打破它？明朝的王阳明家里有亲丧，开吊，客人来了，赞礼者命之哭，阳明说：我这时不曾觉得伤心，哪有眼泪？怎样哭得出？（大意如此）江南一带，有钱有势的死了人，若是自家没有人哭的话，总要花几文钱买几个"叫花子"来哭。推而至于送挽联、做祭文，死者明明是个"一文若命"的守财奴，偏要说是"乐善好施"；明明是个"坏蛋"，是个"土豪劣绅"，偏要说他"急人之急""侠义可风"；明明是个卖国奴，偏要说他是"卫国御侮""武穆复生"；明明是个人类社会的蟊贼，偏要说他是"工农领袖"或是"革命伟人"。青年读者试翻开逐日的报纸一看，或把日常生活的见闻闭目一思，就晓得我这些话不是过激之谈了。白居易也说过："铭勋悉太公，述德皆仲尼。"就是给这种虚伪的文字写照。就我们的经验说，越是旧时的臭文人，他的文字越是虚伪。康有为就是一个好例。开封的"龙亭"上刻有康有为的一首诗，说：

> 远观高寒俯汴州，
> 繁台铁塔与云浮。
> 万家无树无宫阙，
> 但见黄河滚滚流。

"我看了这首诗，便在那儿呆望，勉仲问：'望什么？'我说：'看不见黄河，更看不见它滚滚地流。'"（《斋夫自由谈》）。既"看不见黄河，更看不见它滚滚地流"，偏要说"但见"，这不是康有为在那儿撒谎吗？撒谎的文字就是虚伪的文字。世上为什么有这许多撒谎的人、撒谎的诗文呢？假使你要拿这话去问陶行知，陶先生一定回答你道：都是因为"假人"太多。你且听他说：

> 世界如何坏？
> 坏在假好人。

口是而心非，

虽人不是人。

(同前书)

世间既有许多"假父子""假母女""假夫妻""假情人""假朋友""假师生""假军队""假官吏"，则做出关于父子、母女、夫妻、情人、朋友、师生、军队、官吏等等文字，又焉得不假？又焉得不虚？又焉得不伪？但是，陶先生自己虽勉力做真文字，却不能鉴别，或者说，有时不能鉴别人家的真伪。譬如，他对于蔡子民氏颂扬由国民政府所召集的"国民会议"的文字，已经看出它的虚伪，但他却没有看出"孚勒普·密勒的《列宁与甘地》里关于列宁的教育政策"的诬蔑的文字。《列宁与甘地》说："列宁一方面攻打不识字，一方面却压迫自由科学……"陶先生看了这一句话，便义形于色地声言反对，用心还可原谅，然而陶先生却有点太相信孚勒普·密勒了。这部书的全体都是站在反苏联的立场上，一方面提倡甘地的不抵抗主义给帝国主义宣传，一方面又造列宁的谣言。

列宁的社会主义的公式就是"Diklatur Des Proletariats +Elektrizierung"（无产阶级专政与电气化）。这种电气化当然不是官僚化的电气化，而是民众化的电气化。民众电气化了，难道还硬派列宁一个"压迫自由科学"的罪名？陶先生既然处处都以科学自命，那就请你拿证据来！曾记得五年前陶先生曾从我这儿借了一部叙述列宁对于国民教育的理论与设施的德文的小册子，至今未见归赵，不知道陶先生是否把它放到字纸篓里去了，未曾过目，还是读得烂熟，不忍释手呢？假使陶先生真正读过那本小册子，或许不会贸然相信《列宁与甘地》的著者这种撒谎的文字，撒谎就是天字第一号的虚伪！可见得我们不但要警告我们的青年自己作文应该力除虚伪的毛病，并且要警告我们的青年读人家的文字时，也要谨防为虚伪的文字所欺。老实说，现在的苏俄虽然不能尽满我们的意，然而它的国民教育的政治的水平线不但我们贵国是望尘莫及，就是美国，就我们的观点说，也还差得远。请陶先生读一读贵老师杜威的关于游俄的文字，便可废然而返。

袁简斋说:"两眼曾将秋水洗,一生不受古人欺。"

我们希望现代的青年不但要把两眼洗得晶明,并且要把头脑养得冷静,胸中养得雪亮,不但不要受古人欺,也不要受今人欺,不但不要受中国人欺,也不要受外国人欺。

(王灵皋:《国文评选》序言)

我因要谈文字的"虚伪"的戒律,特为陶先生进一解,借此也就给青年读者指出一种虚伪文字之有害于社会的证据。不但一般糊涂虫易为所欺,即使少数明达之士也往往不免于受骗。但是我们首先要"尽其在我",先要自己不做虚伪的文字,就是说,要说实话。

第二节 夸大

夸大也是一种虚伪的心理,但是虚伪与夸大的性质却有点不同,它们的社会来源也不一样。虚伪是社会不平的现象产生出来的,夸大则由于主观的或客观之文化程度太低或智识太浅、眼光太狭有以致之。譬如胡适吧,他的实验主义的方法论及一切的著作,虽然适逢其会,应了中国新兴工业即新兴资本主义社会的需要,而它的内容实在浅薄得很。但是,中国的文化落后,学术界太幼稚,也就和唱戏一样,好久没有好戏了,忽然来了一个差强人意的角色,便博得全场人喝彩,"饥者易为食,渴者易为饮",于是大家就捧起场来,差不多什么戏儿非他不可,只要他一出台便一起叫"好"。这本来是群众无意识的心理的浪潮:本来只有一分好,它要看你到十分;本来只有某一部分好,它要把你当全体。这么一来,久而久之,在台上的人也就不知不觉地以为自己是难能可贵了,不自觉地便养成他一种夸大的心理。你若不信,请听胡适说吧:

> 西滢先生批评我的作品,单取我的《文存》,不取我的《哲学史》。西滢究竟是一个文人,以文章论,《文存》自然远胜于《哲学史》,但我自信,中国治哲学史,我是开山的人,这一件事要

算是中国一件大幸事。这一部书的功用,能使中国哲学史变色。以后无论国内国外研究这一门学问的人,都躲不了这一部书的影响。凡不能用这种方法和态度的,我可以断言,休想站得住。

(《胡适文存》三集,二一二页)

我们若是说,胡适的《中国哲学史》对于中国思想界,在某种限度与一定的时间内影响是很大的,这是一个事实;若是说,以后治哲学史的人,自然要光顾到它,参考到它,并且是从"五四"运动以后十五年中一部重要的参考书,这也是近乎情理的话。但是,若果说"以后无论国内国外研究这门学问的人……凡不能用这种方法和态度的,我可以断言,休想站得住",那就是夸大了。假使胡适不能把最近的中国思想界中用另一方法——辩证法对于他的哲学史的批评,给它一个满意的答复,那就对不起,他的"夸大狂"的诊断便要被宣告为"缺席裁判"了。但是,犯这种夸大的毛病的,也不仅胡适一派,还有自称革命派的学者,也有许多人犯了这种毛病。第一个是郭沫若,他的《中国古代社会史研

究》,我们在这里不能批评,但他下面的一段文字实在有点"夸大",或许这种"夸大"的程度还可以说是很厉害。他说:

> 本书的性质可以说就是恩格斯的《家庭、私有制和国家的起源》的续编。
>
> 研究的方法便是以他为向导,而于他所知道了的美洲的红种人,欧洲的古代希腊、罗马之外,提供出来了他未曾提及一字的中国的古代。
>
> 恩格斯的著书中国近来已有翻译,这于本书的了解上,乃至在国故的了解上,都是有莫大的帮助。
>
> (郭沫若:《中国古代社会史研究》序)

郭君在主观上也许是要把他这本书作为"恩格斯的《家庭、私有制和国家的起源》的续编",然而结果却完全失败;在主观上或许是"提供出来了"恩格斯"未曾提及一字的中国的古代的"材料,然而这些材料不是颠倒错乱，就是完全靠不住，结果也只有失败。①郭君的文字全部都代表他的性格，我每读他的著作，总觉得它的字里行间伏着一种夸大的成分！这是一。

另外，我们还有一个伟大的革命理论家（看他的口气，也许就是我们的唯一的革命理论家），他的伟大而正确的"革命理论"的程度，在他的主观上或许比郭沫若君更要高明，然而他的"夸大"也就和他自以为正确、自以为革命的程度一样高。孙君倬章做了一部书，名叫《怎样干？》，他在这本书的序言上说：

---

① 郭沫若说"墨子的思想和春秋战国时代的革命思想家反对"，就是说，他的思想反动，是"反革命派"，是"非辩证法的"。墨子的思想是否反动，是否是反革命，这要从当时的社会分析周秦诸子之阶级的关系做起，是一个问题，而墨子的思想是否包孕着辩证法是另一个问题。因为在古代，辩证法的思想不必是创自那时的革命思想家。例如，辩证法的始祖海拉克励特，他本是当时一个贵族，因阶级的代表反对当时商业资本的统治，遂发生辩证法的思想。又如黑格尔，从他的政治学说、法律学说看来，他实在是反动的，所以恩格斯称他为"法利赛人"，然而这却不妨碍他是唯心论的辩证法的"大成至圣"！由此一端，郭氏之误用唯物史观与辩证法亦可见一斑，至于郭氏之胎息摩尔根与恩格斯的方法亦有不少的错误，读者可参阅《读书杂志》第二卷第二、三期合刊李季之《对于中国社会史论战的贡献与批评》六〇页以后各页，杜畏之的《古代中国研究批判引论》八页以后各页。——原注。

此书的写成，虽只两三月，而书中的意见和主张则不是此两三月的结果，乃是我十余年的研究和经验的积累的结果。此种意见和主张，不是我的创造，不是我的发明，乃完全是正确的马克思、列宁主义——布尔什维克主义的意见和主张，不过由著者十余年的研究和经验，证明其正确性罢了（圈点是我加的——灵皋）。

既然是"正确的……主义"，又是"完全"的，那当然又是一个百分之百的"马克思列宁主义"，他这种夸大可以说，与郭沫若是"二难并美"！我们不要看别的，只要看他给某中委的信，就可以知道我们这位大革命理论家的真面目了：

　　自满州事件发生之日，我即认定中国无产阶级——红军亦在内——应暂时放轻国内的阶级斗争——此系表面的，实际上是更进一步的阶级斗争——竭全力于反日帝国主义的运动……

　　　　　　　　　　（孙倬章：《怎样干？》附录）

我们真是浅见，到今天才看见我们中国的"暂时放轻国内的阶级斗争……竭全力于反日帝国主义的运动"，就是说，把民族斗争与阶级斗争分开的马克思列宁主义的理论家；到今天才看见在"表面上""暂时放轻国内的阶级斗争"掉花枪的马克思列宁主义的中国式的革命理论家……但不知"暂时"暂到什么地步？"放轻"又轻到什么地步？实在说来，这样把阶级斗争和民族斗争即反帝战争分成两段的所谓"正确的革命理论家"，也只有孙倬章君才当得起！严格的批评，这不仅是"夸大"，而是犯有严重的大战时代第二国际的错误——不是，罪过！夸大的人是以下两种事实形成，即欺世盗名的心理和"无知"或浅薄。

做文章是免不了错误的，我们这里所反对的是文字的"夸大狂"。

第三节　模仿

人类自儿童时就富于模仿性，但他在生活斗争、长期劳动的过程中，能以养成他自己的创造力，培植他的独立不倚的精神。

虽然如此,人类一方面为生活斗争所迫,不得不努力创造,努力自立,然而另一方面他又生来具有一种惰力,时时为因袭的生活方式所束缚,事事只管"依样葫芦",依然脱离不了模仿的习性,在各种生活及事业方面是如此,在文字方面也是如此。文字的模仿的习惯之社会的根源,大致不外以下两端:

(1)社会生产关系之迟滞。农业经济和手工业经济的社会,人类生产方法长期没有多大的变动;生产方法既没有变动,其他一切建筑其上的文学艺术也就没有大变动,于是就养成人类一种世代相传的习惯,父亲如此,母亲如此,儿子如此,女儿如此,以至子子孙孙也往往如此,后一辈人只要照着前一辈人的方法去生活就得了,用不着"匠心独运""花样翻新"。这是模仿性养成的原因之一。

(2)政治上的原因。社会生产方法既然长期地保守,统治阶级对于一切新的萌芽尽力防止、尽力摧残,哲学、文学、美术、教育等一切文化遂不得不趋于保守,谁也不敢"自出心裁",有所创造。这是模仿性养成的原因之二。

所以，在文学方面就极力仿古，所谓"非三代两汉之书不敢观，非圣人之志不敢存"，这是呱呱叫的模仿心理。就拿前清做比吧。桐城派有义法，极力模仿古人作文的组织、格调与形式，上焉者直追周秦，以《左》《骚》《庄》《孟》《国语》《国策》为典型；中焉者逼近两汉，以《迁史》《班书》为准则；下焉者亦得抗怀唐宋，以韩愈、柳宗元、欧阳修、三苏父子之文为依归。至于八股、试帖诗就更不用谈了。它的"起""承""转""合"，几乎字数都是一定的，声调格律都是一定的。试帖诗、八股文我都做过，可是我是没有一点心得，但模仿《目耕斋》、《周犊山文稿》（以上系八股文范本）、《青云录》（试帖诗范本）我也照样模仿得来。到了后来读《左传》《迁史》，则更进一步，差不多摇笔就梦想学步左丘明的辞令之妙与司马迁的笔锋之利。然而，到底是蠢材，"画虎不成反类狗"，我是失败了。然而古今来文人失败的，却不是我一人，大抵专心模仿古人之文，随着古人的脚跟转的，没有不失败的。最明显的是桐城派。他们只在古人的文字迹象中兜圈子,毕竟一点出息没有。我最讨厌桐城派的文字。曾国藩有些关于论事、论人的文字我却喜欢读,但是他的模仿古人的文字我也是一样地讨厌。譬如,他写他的先大夫某某公的神道碑(?),完全模仿欧阳修的《龙冈表》。《龙冈表》的确还有三分天真,老曾模仿的文字,那就仿佛看人家大出丧一样地"味同嚼蜡"了!

白话文的运动以后,文字上的模仿似乎要好得多了,因为中国新兴的资本主义要求这种于它有益的解放。但是这一解放,也和其他政治革命一样,只到一定程度为止。因为在资本主义的社会里,文化的享受只是资产阶级的专有物,它们的诗歌、小说等等,都是些有闲阶级的人儿吟风弄月,不然,就是咏他的鸟儿、松鼠儿、猫儿、狗儿,做他们享乐的材料。所以模仿的文字在现今的社会里还是不少的,陈梦家的《雁子》就是一个好例。陈氏是新月派的诗人,他的诗是模仿徐志摩的。徐志摩做了一首《雁儿们》,他也做一首《雁子》,徐志摩舒舒服服地看雁儿在云空里飞,看到它们的翅膀,看到它们身上的晚霞,听到它们的歌唱,问

"它们少不少伴侣?"问"它们有没有家乡?"陈君也是在看雁子,也是在听它叫,听它歌,看它的翅膀,他并比志摩还坦白地说出他要"情愿是只雁子",差不多完全一样。不过,志摩在那儿替雁儿担忧,怕它们或是自己在幻想那"昏黑里泛起的伤悲",陈君则翻一个身,说是"不是恨,不是欢喜"。然而,在我们这些终日做苦工的人看来,实在是无聊;只有他们这些什么"秘书",坐飞机来往,或大学教授或吃什么肉饭的人,才会有这些闲工夫,在那儿雁儿、云儿的,也只有他们才有工夫去模仿他们的典型。模仿,在我们眼中就是懒惰,没有奋斗的力量!模仿徐志摩,纵然模仿逼真,也不过是个徐氏作品的赝鼎;即使完全与徐氏的作品一样,也不如自己直抒胸臆、空无依傍的作品有价值。胡秋原君曾有一段批评钱杏邨先生的话,可以拿来做本节的结论,他说:

……钱先生只会皮毛地模仿。如福禄特尔说的,世上第一个以女人比花者,是头等的聪明,第二个再用女人比花者,则是头等的蠢材。他看了一篇卢那卡尔斯基的批评论文,他也来那样一手;看了朴列汉诺夫论艺术与友人书,他也来一次"敬爱的足下"。正如茅盾有三部曲,也有人来一个三部曲一样。

(胡秋原:《钱杏邨理论之清算与民族文学理论之迷妄》)

钱君的批评理论,我实在惭愧得很,没有读过多少,胡君对他的批评是否合理,我暂且不能下断语,然而把"钱君"这一名词抽出来"断章取义",胡君所批评模仿的毛病对于一般模仿的批评家却是千真万确、应当记取的。

第四节 轻薄

记得从前樊樊山做江宁藩司(?)时,曾批一件夫诉妻不贞被人强占一案的判词中有这么四句:

夫以有夫之妇,焉能视为长江流域,可以彼此通商？又安能认为公共码头，许其迭相占领？

一个高级地方长官下判词竟这样开玩笑，这真是文人轻薄的积习。

亡友韩著伯，名重，又名衍，江苏海门人，曾受业于张季直，为文轻刀快马，笔锋犀利，袁世凯在北洋练兵，他曾做北洋督练公所入幕之宾，后以上书军机大臣，揭参某提督之子贪污不法事，获罪于袁，袁必得之而甘心。适杨士骧为北洋总督，其幕上客庐江吴葆初者，前清名将吴长庆之子，当时号为四公子之一者也，爱韩之才，言于杨，阴庇之。后来袁氏求之急，杨遂荐于冯梦华，冯时继恩铭抚皖，韩遂皖督练公所文幕。他的短文揭载于上海《神州日报》花花絮絮的很多。他那时已出其天才，把他的旧文学的长处运用到一种似语录非语录的白话文里，短小精悍，光芒四射，他的诗近渔洋、定盦，而侠骨柔肠冶于一炉，铮铮作响，实为罕见。例如《感旧》二首：

珊珊碧水长成姿，憔悴人间第几枝！

知否黄金台下客,梦回灰冷十年时?

灯火凄凉旧事非,桃花如雪白鸥飞。
一从淮泗匆匆去,泪满关河不忍归!

又咏《小灵芝》二绝:

清歌入海百珠驰,绕国妖霓夜落时。
花傍战场红似火,满城争说小灵芝!

时在庚子兵败以后,所以有"花傍战场"之句。小灵芝继杨翠喜而起为北京名女伶,末后两句,忧时愤世之情不能自已,作者固伤心人也。其第二绝是:

秋娘死后废琵琶,城上空余北府鸦。
十载不谈乡国事,江风吹动女儿花!

自注说:"或言灵芝丹徒产也。"这些诗都还不失诗人忠厚之旨,下面一首寄蒯若木的一绝便不同了:

身无余地是长安,旧事如灰火正寒。
车耳黄尘深一尺,入门作佛出门官!

这是骂蒯氏的。因为蒯氏平常好谈佛,然而他礼佛其名,钓誉其实,机会来了,便要去做官,故云。这已经有点轻薄了,然而还不失为友朋规劝之义。他有时作文却非常尖酸刻薄。他在安庆和我及其他几个朋友办白话报,竟以揭发省城某乡宦家庭隐事,被人戳了五刀。当时又有另一乡宦,以候补道员资格办理某要差。韩氏嫌其贪鄙,适逢新年,某乡宦请他做春联,他随笔替他诌了一幅大门春联道:

小人有母,
天子当阳!

某乡宦不知道他是在骂他,居然把它贴在公馆大门上,韩与我平居纵谈时,常引为笑柄。辛亥以后,我们又在省城办报,某乡宦仍在省城鬼混,韩做短文一篇以讥之。当中有这么两句:

> 天子不当阳矣，小人之母则何如？

这实在太轻薄了，因恶其人而迁怒于其老母，又以极烂污的话去骂她，实在有伤忠厚。有人问，胡秋原君下面一段文字算不算"轻薄"呢？他说：

> 其实，钱先生（杏邨）与其说是一个批评家，倒不如说他的"天才"更适于做编书匠。这只要看他的什么《新文艺描写词典》《青年文学自修读本》之类的大著就可以看得出来。他会抄书，也会把许多不相干的东西凑在一起，是一个"天才"的、优秀的Copyist。钱先生的文字虽然不行，但在万事浅薄的中国，以他善于抄袭，善于"拼凑为文"，是可以做个Journalist的，何况又会玩弄马克思主义，玩弄似是而非的理论呢？如果为他创造一个新名字，可以说——他是一个"拟普罗的金鸡纳主义者"（Pseud Prolet-journalist）……
>
> （胡秋原：《钱杏邨理论之清算与民族文学理论之批评》）

这不能说是轻薄,不过有点"挖苦"而已。因为编书匠也是一种正当的职业,若果钱先生的"天才"果适于此道,那就做个编书匠也无妨,也无所愧怍。胡先生这话并非完全"轻薄",不然,你看胡秋原先生不是也正在那儿伙着一些"东西留学之士二十余人"(神州国光社《读书杂志》载的《世界人名大辞典》广告)编纂《世界人名大辞典》吗?不过这里有个条件,就是:必须要有"十八世纪笛德罗所编之百科全书,是十八世纪思想文化之总结晶,近世文明之先驱的纪念碑"(同前广告)那样的价值才行。可见,胡先生并不是绝对轻视编书匠。然而,也许胡先生眼中的笛德罗等不是编书匠的天才,而是"思想文化之总结晶"与"文化之先驱",那就难乎其为钱先生的编书匠了。至于Journalist,在中国虽是"抄袭与夸张"和"拼凑为文"的多,然而也不能一概而论。所谓Journalist,就是"新闻记者"或"通信员"。马克思和恩格斯也曾做过新闻记者,也曾做过通信员。胡先生眼中的Journalist当然不是这样的,而是善于抄袭与夸张和拼凑成的下流东西。对于钱先生,这话固然有点难堪,实则这种编书匠真要不得，因此，胡先生的话也就不是"轻薄"，而为我们青年学生所应当服膺的。总而言之，挖苦文字，贤者所不能免，然须有一定的范围，不然便流于轻薄。我的意见，作文与其失之轻薄，毋宁失之严厉。杜工部说：

> 王杨卢骆当时体，轻薄为文哂未休。
> 尔曹身与名俱灭，不废江河万古流。

这真正是诗人忠厚之旨，而爱民、爱社会的热忱充满着它的全体，毫无一点轻薄之习，可为后人模范。"不废江河万古流"这句话诚然无愧，至于前边所引的樊樊山之文实在要不得。轻薄至此，无怪乎他"身与名俱灭"了。

第五节 阿谀

"阿谀"也是虚伪之一种。虚伪是在言论行为上不露其真面目给人看。明明同那个人不好，表面上还故作一种要好的样子；明明是满肚子不高兴，表面上还是有说有笑；明明看不起那个人，表面上还是谦恭小意；明明对他没有什么感情，表面上做得好像是生死莫逆之交。这都是虚伪，在言论行为上如此，在文字上一定也是如此。所谓虚伪，就是不近人情；不近人情，鲜不为大奸慝。

虚伪是自己做假欺人，阿谀是替人做假欺人，替人捧场，在专制时代谓之"颂圣"，或称"颂扬"，又叫作"奉承"。为什么要做文章去奉承人？去阿谀人的，大致不外威逼与利诱两种。碰到有权有势的，你若要在他手下讨生活，那你不得不好话多说，不然的话，那你轻则打破饭碗，重则还有不可测的危险，这叫作"威逼"。有钱有势的人或阶级，他不一定要用权，权到必要时才用的；他还可以用钱去驱使人，无论什么人，就常理说来，都是"黑眼球见不得白银子"，或是"哈巴狗儿看见穿红的摇尾巴"，所以现在的报纸和其他一切所谓机关文件，大都不外此两种性质。做这种文字的，可以说是"奴隶的文字"；说这种语言的，可以说是"奴隶的语言"。奴隶的语言文字却也有两方面的意义。在阶级的社会中(譬如封建社会和资本主义社会中),被压迫阶级或个人,若果要明白表示反抗主人的意思,那就要被屠杀,至少也要受鞭笞或牢狱的苦头,所以就想出一种语言文字,含譬而喻地,隐约之间流露出不满或反抗的意思,这叫作奴隶的语言文字。还有一种语言文字,专门对于统治阶级和个人歌功颂德,如胡适在欧洲所看见的那位所谓劳工代表,他就是专门歌颂资产阶级时代的,这种人说出话来也是奴隶的语言,做出文来也是奴隶的文字。但是这两种奴隶的语言文字是不同的:前一种是不甘做奴隶,希图解放的语言文字;后一种则是摇尾乞怜、甘愿做奴隶的语言文字。周作人有一篇短文形容得好,特引在下面:

> 斯忒普虐克(Stepniak,字义云大野之子,他是个不安本分的人,是讲革命的乱党,但是天有眼睛,后来在大英被火车撞死了!)在《俄国之诙谐》序中说,息契特林做了好些讽刺的譬喻,因为专制时代言论不自由,人民发明了一种隐喻法,于字里行间表现意思,称曰奴隶的言语。

(周作人:《谈虎集》上卷,《奴隶的语言》)

这种奴隶的语言,就是我们所说的前一种奴隶的语言,是积极的、反抗的、含有革命的意义的。周先生又说:

>……中国自己原有奴隶的言语,这不但是国货,而且还十全万应,更为适用,更值得提倡。东欧还是西方文明的地方,那种奴隶的言语里隐约含着叛逆的气味,着实有些赤化的嫌疑,不足为训。而中国则是完全东方文明的,奴隶的心是白得同百合一样的洁白无他,他的话是白得同私窝子的脸一样的明白而——无耻。天恩啦,栽培啦,侍政席与减膳啦,我们的总长啦,孤桐先生啦,真是说不尽,说不尽!你瞧,这叫得怎样亲热?无怪乎那边的结果是笞五百流一万里,这边赐大洋一千元。利害显著,赏罚昭彰,欲研究奴隶的言语以安身立命者,何去何从,当已不烦言而喻矣乎?
>
> (同前书,同前文)

这就是我们所说的后一种奴隶的语言文字，是消极的，觍然无耻、甘心为奴的语言文字。这一种语言文字就是阿谀的真正精神。不过，周先生对于章秋桐做总长的时代的奴隶的语言已经深恶痛绝，自今思之，实在不甚公道。因为由我们现在所流行的语言文字（自然是一方面的）看来，觉得章先生时代还是唐虞三代。

青年诸君不要误会，以为我梦想"执政"政治的清明，其实大大的不然。我们是要教人晓得，执政时代一般士大夫的语言文字固然是无耻的奴隶的语言文字，现在所流行的语言文字更是无耻的奴隶的语言文字，不过形式不同罢了。从前说"天恩"，现在变了什么"参加工作"；从前说"栽培"，现在变了什么"追随革命"了；从前说"总长"，现在变成什么"某某同志""某某主席"了。有人说，阿谀不尽然施之于有钱有势的，即朋辈之间气味相投的，也有变相阿谀的，那么怎样能以看作"奴隶"呢？其实这也是形式逻辑的看法。我们要问：我们为什么要阿其所好呢？还不是为的争权夺利！争什么领导权（譬如文学界的一部分私人团体的争论）？还不是互相标榜，口中说的是"革命""革命"，心里想的是"金钱""金钱"，眼中看的是"势力""势力"！他还是在做奴隶，所以他的语言文字依然是奴隶的语言文字。其无耻一也，其腔子里的隐微不可告人亦一也。陶行知所谓"不转弯的笔"，也就是劝诫青年不要做阿谀的文字，他说：

> 我的同辈朋友，许多都做了官，而且是做了大官，有几位做得还不错；有几位未免大事糊涂，小事不糊涂。我写了一首诗劝他们留心董狐复活。可是天下的官多着咧，糊涂的何止是我的朋友！我现在愿拿这首送朋友的诗，献给普天下之做官的。大家努力吧！
>
> 做官莫做糊涂官，
> 万人愁苦一人欢。
> 董狐有笔钢于铁，
> 只写是非不转弯。

所谓"只写是非不转弯"，就是不事阿谀，用我们的话说，就是要用"批评的武器，对着一切黑暗的势力"。

这话后来再谈,现在只要记得不要"阿谀"就得了。

第六节 傲慢

文字还有一件应当引为戒律的,就是傲慢。固然,我们不是资产阶级,我们更不是英国的绅士,说话作文板规要摆Gentleman的架子,期斯文文地嚼咀,然而也不可无理由地傲慢。傲慢本不是绝对的恶德,我们对于敌人的傲慢,正是我们不屈的精神。不过我们要晓得光是傲慢的词句和傲慢的态度不能代替理论的斗争,不能解决你应当解决的问题。我现在又要说到孙倬章君了,孙君的思想是否混乱,文字是否通顺,这是另一问题,不过他的作文的态度实在不足为训。他在《读书杂志》(神州国光社出版)第二卷第二、三两期合刊做了一篇答复胡秋原君的文字,题目就是"秋原君也懂得马克思主义吗?"你看这多么傲慢?他的全文不过七个Pages,然而,"秋原君不免太粗鄙、太武断"等类的谩骂字样总有好几十次,我现在只引它一节做个例:

> 不过由秋原君批判拙著的意思看来，秋原君不免太粗鄙、太武断，"政治经济的修养，过于缺乏。"——秋原君自己的话——马克思、列宁主义的修养过于缺乏，所以他的批判完全错误。

秋原君只说他一句"政治经济的修养，过于缺乏"，倬章君便报他许多的"……过于缺乏"还不快意，还要加上一些"太粗鄙、太武断""太不了解"等等，这在秋原君的主观上看来，实在我可以替他代答一句："其自为谋也，则过矣；其为人谋也，则忠。"但是倬章君和秋原君，我们都是素昧平生。听说，倬章君曾经在法国做过勤工俭学生，年纪有四十上下了；秋原君是日本的学生（？），年纪不过二十多岁。倬章君的态度，老实说，真有点"粗鄙"，有点"武断"（我这话唐突了，恕罪！恕罪！），为什么呢？倬章君是苦学出身，应该晓得学问的艰难，纵或读了几百卷书，在我们四十岁左右的人并算不得什么奇事，也并不能以此骄人，况且书虽读在肚子，究竟是否消化了呢？这也是大大的问题。即使倬章君真正"懂得马克思主义"（？），那对于秋原君的态度也不应这样地"粗鄙""武断"，这样地傲慢！

我这样想，假使秋原君做文章指摘我的文章有什么不对，或竟说我"政治经济的修养，过于缺乏"的话，我先应当反问自己一下，神明上觉得有点惭愧吧？不对，应该先虚心地检举自己的文章在理论上是否站得住。若果站不住，那秋原君的箴规是不错的，我应该明白承认秋原君的指正；若果站得住的话，那也只应平心静气地和他辩驳、讨论，他的善意依然是可感的。至于秋原君本身是否对于"政治经济学"有甚"修养"，那也需从事实、从理论上去证明。果真秋原君本身的政治经济学的修养还不甚充足，那也不是什么"粗鄙"不粗鄙的问题，应当好好地在理论上去说服他；徒事谩骂，徒然摆出一个"只此一家，别无分店"的面孔，冀以堵塞人口，虚张声势，企以掩饰自己的短处，那是怯懦的行为、可鄙的心理，纵使我的理论是"天字第一号"的"正确"，对于胡君也还应该抱着一个"将顺"和"匡救"的希望。若是不论三七二十一，开口粗鄙，闭口武断，那正是"雷不打自抬"，于人何尤？于人又何损？

而且在我这个政治经济学真正"缺乏修养"的人看来，秋原君所批评倬章君的话，是的地方实占大部分，即如倬章君引任曙君的"帆船"与"轮船"比较，做中国已成为资本主义社会的证明，这种"读死书""死读书"的书呆子（得罪！得罪！）实在好笑。任曙君已经是错了，倬章君还跟在他的脚跟转，那更是错中错。然而他不认错，还是狡辩：

> 秋原君谓余不应采此材料，不过以严灵峰君批评了任君的此种比较，谓帆船也载资本主义的商品，为资本主义服务罢了。其实，帆船是封建社会的交通工具，轮船是资本主义的交通工具，这是无法否认的事实。
>
> （孙倬章：《秋原君也懂得马克思主义吗？》）

帆船既为资本主义服务，那它就不能再与资本主义的轮船对立，便成了轮船的附属品，即资本主义的附属品，我们便不应当再拿它当作一部分封建社会的生产势力来与资本主义的势力对抗，因为它的生命已经操在资本主义手里，不再有对抗的资格了。倬章君还在那里断断置辩，说什么事实，要知道，这一事实已经退处于极不重要甚至等于零的地位了。实则资本主义的生产侵入社会以后，所有以前所遗留的资本及其他经济形式，皆变作资本主义生产方式的附属而与之共生死，所以马克思说：

> 在资本主义的生产所支配的社会状态里面，就是非资本主义的生产者，也为资本主义的观念所支配。
>
> （马克思：《资本论》第三卷上册，德文本十四页）

照这样说法，不仅轮船应属于资本主义，即帆船在现在也应属于资本主义的范围之内，倬章君固执着什么不可否认的事实，他不知道，他已陷到形式逻辑的泥淖中去了。然而，倬章君不承认自己的错误，反而左一个"太粗鄙"，右一个"太武断"，其实这都是"夫子自道也！"由此，我们知道徒然傲慢是不能解决问题的。

或者倬章君又要骂我"太粗鄙、太武断",因为他紧接着前文曾经这样地说过:

> 帆船为封建的工具是一事,为资本主义服务又是一事,不能因封建的工具为资本主义服务,即变为资本主义的性质了。犹如英、日两国的皇帝为封建社会的遗物,不能因他们现在为资本主义服务,即谓他们不是封建社会的遗物了。
>
> (同上文)

这更使我们这些"粗鄙"的人无从索解了。工具就是替人服务之具体的名词。我们现在打个比方:假定倬章君原来是为无产阶级革命服务的,那孙君就是无产阶级革命的工具;假使不幸,倬章君(这自然是假设,是impossible)跑到资产阶级的阵营里去了,去替资产阶级服务去了,那我们就大着胆子说,倬章君已做了资产阶级的工具,这在理论上恐怕是没有什么错误吧?在事实上更不用谈了。倬章君咬着"工具"和"服务"两个名词妄生分别,而又固执"遗物"这一个古典,实在有点太吃力，更是不讨好。譬如，英、日皇帝原来是封建社会的遗物，也可说曾经是封建社会之主要的工具，因为他代表封建社会的利益，倬章君若是这样说，我们双手赞成。但是现在呢，英、日皇帝是代表英、日两国资产阶级的利益，就完全变成资产阶级的工具，早已失去他们封建时代的作用和意义了。若果不懂得这一点历史的转变过程，老实说，就把马克思列宁主义的书统统读完也没有用处，也还是不曾敲开马克思主义的大门。

俗话说得好："江湖跑老了，胆子跑小了。"这句话有两方面的意义：一方面可以走到阅历多而趋避速，变成了"乡愿""滑头"；一方面可以走到研究愈深，见理愈真，越觉得不敢自信，越知道学问世界之无尽藏，不敢夜郎自大，以此骄人，而睥睨一切。倬章君既然读书甚富，又在中年，当然要知道此道不易，对于比我们年轻而有点天才的作家，更应抱着很诚恳、很敬爱的态度，虚心与之商榷，若果自己脚跟站得稳，理论有根据，足以折服他，那岂不是"吾道不孤"了吗？从前列宁对于青年的托洛茨基是多么爱护呀！即承认你是闻道在先、研究有素，要想教育我们这些"未闻道"的后生（不以年龄论），那光靠"粗鄙""太粗鄙"等等这些谩骂的字眼儿也不是教育的方法！那我们只有给你上一个尊号——"傲慢"！倬章君对人虽然傲慢，责备虽然严厉，然而他对于自己却很能原谅，譬如他说：

> ……著者那篇拙著，是整部书中的一章，著者当时，竭精力于全部的结构，对于此章，是最短时写成，以分析最重大、最复杂的问题，在方法和材料方面都不免有不完满或错误的地方；著者现在看来，即有很多应修改的地方，不过大意敢自信是正确的，完全是根据马克思列宁主义研究的结果。

既说是"完全是根据马克思列宁主义研究的结果"，为什么又说"在方法和材料方面都不免有不完满或错误的地方"？这是一。人家有错误或不完全（假定的话），就骂他太粗鄙、太武断，"不懂得马克思主义"，而自己的错误和不完全（？），不但不承认自己粗鄙、武断，不懂得马克思主义，反而说依然是完全根据……主义研究的结果，这是二。自己宽恕与对人傲慢,是一种怯懦心理的两方面,我们青年做文字,万不可再蹈这种恶习。我们要把它倒转过来,对自己要严厉地督责,明白地承认过失,对人在理论斗争上,态度要严正但又要公平,切忌谩骂,因为斗争上的不妥协与无情(Unversohulich-keit und erbarmungslosigkeit)和空洞无用地用谩骂代替真理的傲慢的词句简直是两个极端。

第六章　文字的质力

第一节　漂亮

"漂亮"是文字的一种质力；文字有了这种质力，很足以吸引读者。但什么叫作"漂亮"呢？我想，这个名词一般青年皆可以耳入心通。我们拿一个人做比吧。他年纪不过二十上下，面孔雪白干净，衣服入时，而身段又活泼，举止动作都很摩登，说出话来又干脆又清楚，写几句普通文字也不讨厌，件件拿得起来。这些性行举止的总合就是漂亮。现在文字写得漂亮的，第一要数胡适，他的文字的全部精彩就是漂亮，譬如他的《新生活》那篇文字就是一个好例。假使你要给它一个批评，那除了"漂亮"，还有什么最适当的字眼儿呢？胡适的文字，不但散文如此，就是诗也是这样。例如他的

《明月》一首：

> 也是微云，
> 也是微云过后月光明。
> 只不见去年的人伴，
> 只没有当日的心情。
> 不愿勾起相思，
> 不敢出门看月！
> 偏偏月进窗来，
> 害我思想一夜。

自然这诗里的境界当然与散文不同，然而它通体透明，好像从大门一直看到后堂，虽然也有点想象力，然而并没有多大含蓄，这在文字上却是一个美质和力；尤其是在现代社会中，我们要和最大多数的平民说话，并且要替最大多数的平民说话，这种美质和力确实是必要的。不过我们只是拿它来做个例，说明文字上的漂亮大致如是，并不一定是称赞它的内容；若是说到内容，那就另是一个问题。

第二节　生动

文字固然要写得漂亮,就和人要漂亮一样,但是光是漂亮,内里没有真正的生命力,那也不过是一架装潢得很好的活机器而已,它本身并没有什么生命力,而它的动作行为也就好像是一个绣花枕头一样;或是像一个富贵人家的公子哥儿一样,他懂得应对进退;或是像一个学生会里好出风头的代表一样,他惯于说几句漂亮话,其实都只是表面,纵或也有它的内容,但这种内容也禁不起人家的追求,因为稍一追求,它的漂亮便成了索然寡味的空壳。所以,我们除了漂亮之外,还要使文字具有一种生动的质力。现在我们要问,怎样才谓之生动呢?

譬如,说一件事,能把作者对于这件事的意见或把他人的心思、他的深处掘发出来,活泼泼地跃然纸上,无论善与恶、美与丑,都具有它的全部生命,从他的笔端透露到我们的眼底,打进了我们的心坎,这就叫作"生动"。例如,郑燮给他弟弟墨第四书说:

十月十六日得家书,知新置田获秋稼五百斛,甚喜;而今而后,堪为农夫以没世矣。要须制碓,制磨,制筛箩簸箕,制大小扫帚,制升斗斛。家中妇女率诸婢妾,皆全习舂揄蹂簸之事,便是一种靠田园长子孙气象。天寒冰冻时,穷亲戚朋友到门,先泡一大碗炒米送手中,佐以酱姜一小碟,最是暖老温贫之具。暇日咽碎米饼,煮糊涂粥,双手捧碗,缩颈而啜之,霜晨雪早,得此周身俱暖。嗟乎!嗟乎!吾其长为农夫以没世乎!

(《郑板桥集》,参阅王灵皋编:《国文评选》第一集,亚东版)

寥寥数行,把三百年前中国地主阶级的生活与其思想表现得很清楚,同时并表现像板桥这样的地主,似乎已经感觉到农民的破产和痛苦,是当时社会的一个深切的裂痕,于是才有"暖老温贫"的慈善举动,而板桥老人急于挂冠归隐去享那开明地主的安逸幸福的一腔心事,真是跃跃纸上,这便是文字的生动的质力。又如左宗棠《答刘霞仙》书有云:

……吾非山人,亦非经纶之手,自前年至今,两次窃预保奏,过其所期。来示谓涤公拟以蓝花翎尊武侯,大非相处之道。长沙、浏阳、湘潭兄颇有劳,受之尚可无怍。至此次克复岳州,则相距三百余里,未尝有一日汗马之劳,又未尝偶参帷幄之议,何以处己?何以服人?方望溪与友论出处:天不欲废吾道,自有堂堂正正登进之阶,何必假史局以起?此言良是。吾欲做官,则同知,直隶州亦官矣,必知府而后为官耶?且鄙人二十年来,所留心自信,必可称职者,惟知县一官。同知较知县,则"贵而无位,高而无民",实非素愿。知府则近民而民不之亲,近官而官不禀畏。官职愈大,责任愈重,而报称为难,不可为也。此上惟督抚握一省大权,殊可展布,此又非一蹴所能得者。以蓝顶尊武侯而夺其纶巾,以花翎尊武侯而褫其羽扇,既不当武侯之意,而令此武侯为世讪笑,进退均无所可。涤公质厚必不解出此,大约必润之从中怂恿,两诸葛又从而媒孽之,遂有此论。润之善牢笼,喜妖术,吾向谓其不及我者以此。今竟以此加诸我,尤非所堪。

两诸葛憬然为其颠倒,一何可笑!幸此意中辍,可以不提。否则,必乞为涤公陈之:吾自此不敢即萌退志,俟大局裁定,再议安置此身之策。若真以蓝顶加于纶巾之上者,吾当披发入山,誓不复出矣。

你看他直抒胸臆,毫无隐饰,有声有色;读了这种文字,真好像我们现在看有声电影似的,多么生动啊!又如大仲马的《侠隐记》,每叙一人都叙得生动有力,尤其是它叙述达特安,真是生龙活虎。就拿《雪耻》一篇(《侠隐记》上册第五回,商务版)做比吧,它叙述达特安、阿托士、阿拉密等须眉毕现,活生生地腾跃纸上,不但表现他们的勇敢,并且表现他们的果决;不但表现他们的果决,并且表现他们虽在决生死的时候,犹能体贴人情,从容不迫。达特安之始而道歉,继而拔剑决斗,继而于俄顷之间,决定站在阿托士他们三人方面,可算得有勇知方;而阿托士于伽塞克劝达特安不要参加时,与达特安握手,拉住了他,得了一个极有力的援助,给他们此后的事业另开一个新局面,也是胆识过人。文字写得如许生动,真是少有的啊!

第三节　简劲

文字若要真正有力,不但要漂亮,要生动,并且要简劲。因为必须简劲,才可算得真正漂亮,真正生动。有许多人做文章,欢喜拉长篇幅,敷衍成文。本来几行就可写了的,他可把它说一大篇。本来几句就说了的,他竟把它写成多少行,这叫作"冗"。就是说,不应长而长的东西,是多余的长度。好比人穿衣服,本来三尺八寸的袍子正合身,然而裁缝司务却把它做成四尺长,不但无用,而且有害,因为不但显得难看,并且使他行动不便。冗长的文字也是这样,不但使本文的好的部分显得无精打采,反引起读者许多厌恶和烦倦的心理。要医这个病,只有反其道而行之,那就是"简劲"。能简斯有"劲",故谓之"简劲"。所谓"简",就是凡于一句话说了的,绝不用两句话;凡于一个字说了的,绝不用两个字。有人说,这在文言里很多,白话文中恐怕难找,其实不然,文言中固然找到很好的例子,白话文中也是一样。文言中如《左传》:

> 王曰："骋而左右，何也？"曰："召军吏也。"
>
> "皆聚于军中矣？"曰："合谋也。"
>
> "张幕矣？"曰："虔卜于先君也。"
>
> "彻幕矣？"曰："将发命也。"
>
> "甚嚣且尘上矣？"曰："将塞井夷灶而为行也。"
>
> "皆乘矣，左右执兵而下矣？"曰："听誓也。"
>
> "战乎？"曰："未可知也。"
>
> "乘而左右皆下矣？"曰："战祷也。"

这样一问一答，不但简劲有力，并且把当时两军阵前观察敌军行动的仓皇戎马的情形表现得逼真。你看它的问语，除了"战乎"一句，完全不用问语的助词（"乎""何"等字），更是绘影绘声，惊心动魄。白话文中如《水浒传》：

> 王婆道："大官人，你听我说：但凡挨光的，两个字最难，要五件事俱全，方才行得。第一件，潘安的貌；第二件，驴儿大的行货；第三件，要似邓通有钱；第四件，小就要绵里针忍耐；第五

件,要闲工夫。——此五齐,唤做'潘,驴,邓,小,闲'。五件俱全,此事便获着。"

好一个"潘,驴,邓,小,闲",五个字结束上边五件事,简直是一字一刀,这才真是"简"到无可简,所以它的"劲"也就比这五件事还有力量!我们再看武松杀嫂之前,见他的嫂子在他哥儿的灵前假哭的时候,他道:

"嫂嫂,且住。休哭。我哥哥几时死了?得什么症候?吃谁的药?"

这也就够简劲的了。又如马克思的女儿劳拉和她的长姐燕妮对他们的父亲提出一组问题嬉戏为乐,她们的父亲一一地答复,遂成如下之"自白"(Bekenntnisse):

你喜欢的道德——单纯。
你喜欢的男性的美德——力。
你喜欢的女性的美德——温柔。

你的主要特性——努力之集中（据英文，则应译为"目的之单纯"）。

你的幸福观——斗争。

你的不幸观——屈服。

你深恶痛绝的恶德——轻信。

你最厌恶的恶德——卑屈。

你不喜欢的东西——Martin Tupper（英国无能而成名的通俗诗人）。

你喜欢的工作——咀嚼书籍。

你的诗人——Shakespear, Aischylos, Goethe.

你的散文家——Diderot.

你的英雄——Spartakus Kepler.

你的女英雄——Gretchin.

你的花——月桂。

你的色——红。

你心爱的人名——劳拉、燕妮。

你心爱的食品——鱼。

你心爱的教条——未有反乎我者。

你心爱的箴言——怀疑一切。

这种一问一答之简而有力，完全与前所引左氏之文一样的神情如画。这种简劲的文字，就是单刀直入、斩钉截铁的文字。《水浒传》叙述活剐王婆一段，也是同样的简劲：

> 大牢里取出王婆，当厅听命。读了朝廷明降，写了犯繇牌，画了伏状，便把这婆子推上木驴，四道长枷，三条绑索，东平府尹判了一个字"剐"！上坐，下抬，破鼓响，碎锣鸣；犯繇前引，混棍后催，两把尖刀举，一朵纸花摇；带去东平府市心里吃了一剐。

只一个"剐"字以后，马上跟着"上坐""下抬""破鼓响"……一直到"吃了一剐"，活画了一个阴风惨惨、杀气腾腾的刑场，真正令人毛骨悚然！

第四节 譬喻

譬喻就是打比方。我们说话的时候，常常用譬喻来帮助我们的语意的说明或补足我们的语气,这是极普通、极寻常的事。在文字上,也同说话一样,是常常离不了譬喻的。东西的哲学家、文学家、历史学家都常惯用譬喻,中国如庄子、墨子、荀子、司马迁、曹雪芹、施耐庵、吴敬梓,西方如莱辛格(Lessing)、歌德(Goethe),都很重视譬喻,马克思的著作中,尤其是他的《政治经济学批判》当中,包孕着很丰富的譬喻,即他的《资本论》中,也是常见的。譬喻约略可分为三种,特分条举例说明如下。

(一)运用俗语的譬喻

这种譬喻最多,它可以在语句中插进去,所用的都是俗话,本来不相干,而引用来了以后,便觉得好像天然造成的一样,例如:

(1)那妇人道:"亏杀了这个干娘。我又是个没脚蟹,不是这个干娘,邻家谁肯来帮我!"

(《水浒传》)

(2)众囚徒道:"好汉!休说这话!古人

道:'不怕官,只怕管。''在人矮檐下,不敢不低头!'只是小心便好。"

(《水浒传》)

(3)王德道:"你有所不知。衙门里的差人,因妹丈有碗饭吃,他们做事,'只拣有头发的抓'……"

(《儒林外史》)

(4)严贡生发怒道:"放你的狗屁!……你这奴才!'猪八戒吃人参果,全不知滋味!'说的好容易:是云片糕!……半夜里不见了枪头子,攮到贼肚里!"

(《儒林外史》)

(5)差人道:"先生,你是一个'子曰行'的人,怎这样没主意?自古'钱到公事办,火到猪头烂'。只要破些银子,把这枕箱买了回来,这事便罢了。"

(《儒林外史》)

（6）差人恼了道："这个正合着古语'瞒天讨价，就地还钱！'我说二三百银子，你就说二三十两！'戴着斗笠亲嘴，差着一帽子！'怪不得人说你们'诗云子曰'的人难讲话！这样看来，你好像'老鼠尾巴上害疖子——出脓也不多！'倒是我多事，不该来惹这'婆子口舌'！"

(《儒林外史》)

（7）那刘姥姥先听见告艰苦，只当是没想头了；又听见给她二十两银子，喜得眉开眼笑道："我们也知道艰难的，但只俗语说的'瘦死的骆驼比马还大呢！'凭他怎样，你老拔一根寒毛，比我们的腰还壮哩！"

(《红楼梦》)

（8）金荣笑道："我现拿住了是真的！"说着，又拍手笑嚷道："贴的好烧饼！你们都不买一个吃去！"

(《红楼梦》)

（9）凤姐道："我哪里管得上这些事来！……你是知道的，咱们家所有的这些管家奶奶，哪一个是好缠的？错一点儿，他们就笑话打趣；偏一点儿，他们就'指桑骂槐'地抱怨。'坐山看虎斗''借刀杀人''引风吹火''站干岸儿''推倒了油瓶儿不扶'：都是全挂子的本事。'"

(《红楼梦》)

（二）运用简单的事物做譬喻

这更是日常的语言文字所不可须臾离的东西。上边所述的是俗语（即孟子所谓"挟泰山以超北海"和"为长者折枝"，荀子所谓"蓬生麻中，不扶自直"，也是古人常用的俗语），此处所谓以简单的事物做譬喻，这种事物亦多为人习见之物或习知之事，然却为一般社会，尤其是乡曲里巷、愚夫愚妇所不会常用的。而且，俗语与简单事物的譬喻还有一个大区别，就是俗语与所喻之事物成为各自独立的两事，其性质简直是天南地北，两不相干，而一经运用，便使语言文字特别生动有趣。简单事物的譬喻，往往只是它所描写或叙述的事物的形容词或形容动词,纵有整个的事物做譬喻,也没有用俗语做譬喻那样新鲜活泼。若是运用得好的话,却亦足以增加文字的质力,况且它又为行文说话所必不可缺的东西。因为人类的语言还有许多缺点(?),不能完全素朴地、白描地叙述事物或表达思想,一定要借助于其他事物,从旁做譬,才可敷词达意、毫发无憾。兹举例如下:

(1)那双眼睛,如秋水,如寒星,如宝珠,如白水银里头养着两丸黑水银,左右一顾一看,连那坐在远远墙角子里的人都觉得王小玉看见我了。

(刘鹗:《大明湖畔》——参看王灵皋:《国文评选》第二集)

(2)咳巴黎!到过巴黎的,一定不会再希望天堂;尝过巴黎的,老实说,连地狱都不想去了。整个的巴黎就像是一床野鸭绒的垫褥,衬得你通体舒泰,硬骨头都给薰酥了的。——有时许太热一些。

(徐志摩:《巴黎鳞爪》)

在文学方面这样地运用事物为譬喻,算是用活了。但是《红楼梦》用事物做譬喻去描写人物便死板了,把活人物变成死人物了。例如,它写王熙凤道:

> 这个人打扮得与姑娘们不同:彩绣辉煌,恍如神妃仙子,……一双丹凤三角眼,两弯柳叶掉梢眉……

一个生龙活虎似的王熙凤,这样一描写,便好像戏台上的一个武旦差不多,所以不成功。又如它用譬喻的方法描写宝玉也是失败,它说:

> ……面若中秋之月,色如春晓之花;发若刀裁,眉若墨画,鼻若悬胆,睛若秋波;虽怒时而似笑,即瞋视而有情……

又:

> ……越显得面如傅粉,唇若施脂;转盼多情,

语言若笑；天然一段风韵，全在眉梢；平生万种情思，悉堆眼角。

一个一往情深、翩翩浊世之佳公子的贾宝玉，变成了戏台上一个做配角的小生。这种譬喻的技术真是拙劣之至。马克思在他的科学著作中，是善于用譬喻疏证和发挥他的理论的，譬如：

> （1）一盎司黄金，一吨铁，一卡特小麦和二十码丝帛是同等交换价值。它们在作为这样的等价物上，其使用价值之质的差别是消灭了的，是表现着同种劳动之同一的分量。在此等物品中，平等地具像化了的劳动，其本身当得是同形态的、无差别的纯一的劳动，这劳动不问是现在金里、铁里、小麦里还是丝棉里，它是无可无不可的，就如像氧气之或在铁锈里，或在大气里，或在葡萄汁里，或在人血里一样。
>
> （郭沫若译：马克思：《政治经济学批判》四页）

（2）所以，假如可以说，交换价值是个人与个人之间的一种关系，那却须加上一句：是在物的包覆之下隐藏着的关系。就如一磅铁与一磅金，虽然有种种物理与化学的性质之不同，而其表现着同一的重量一样，在其中有同等的劳动时间，包含着的两种商品之使用价值，是表现着同一的交换价值。

（同上书，一二页）

（3）在这种关系当中，衣服是当作价值的存在形态，当作价值物，是适当的，因为它只有当作这样一种东西，才是和麻布一样的东西。另一方面，麻布固有的价值存在也在这个关系中显现出来，即保有一个独立的表现。因为麻布只有当作价值，才与那当作等价的衣服或那种可以与麻布交换的东西发生关系，乳酸和蚁酸就和这种情形一样，它是一个和蚁酸不同的体质。但是两者都是从同样的化学实体——炭素（C）、水素（H）与酸素（O），并且是以这些原素之同一的百分比，即$C_4H_8O_2$成立的。所以，若是假定乳酸等于蚁酸，那么，蚁酸在这种关系之中：第一，只是$C_4H_8O_2$的存在形态；第二，或许可以说，乳酸也是从$C_4H_8O_2$成立的。所以，乳酸和蚁酸的化学实体，只要把蚁酸与乳酸置之相等的地位，便现出它们的体质形态的区别。

（马克思：德文《资本论》，一七页）

第（1）是以"氧气"之在铁锈、大气、葡萄汁，或在人血里都是一样，说明劳动之在各种物品中都是一样；第（2）是以"一镑铁、一磅金""表现着同一的重量一样"，说明"两种商品之使用价值"的不同而"表现着同一的交换价值"；第（3）以乳酸与蚁酸的化学上的关系说明麻布与其等价物的衣服的关系。这种譬喻含有严密的科学的意味，运用是很不容易的。

（三）用简短的故事做譬喻

用简短的故事做譬喻也是文学上及普通应用文字上所常有的，这种譬喻以《庄子》一书为最多，例如：

惠子谓庄子曰："魏王贻我大瓠之种，我树之成而实五石;以盛水浆,其坚不能自举也,剖之以为瓢,则瓠落无所容;非不呺然大也,吾为其无用而掊之。"

庄子曰:"夫子固拙于用大矣。宋人有善为不龟手之药者,世世以洴澼为事。客闻之,请买其方百金。聚族而谋曰:'我世世为洴澼,不过数金;今一朝而鬻技百金,请与之。'客得之,以说吴王。越有难,吴王使之将;冬与越人水战,大败越人,裂地而封之。能不龟手,一也;或以封,或不免于洴澼,则所用之异也。今子有五石之瓠,何不虑以为大樽而浮乎江湖?而忧其瓠落无所容,则夫子犹有蓬之心也夫!"

(庄子:《逍遥游》)

"宋人有善为不龟手之药者。……则所用之异也",一段故事譬喻惠子之"拙于用大"。又如:

……何谓朝三?曰:狙公赋芧曰:"朝三而暮四。"众狙皆怒。曰:"然则暮四而朝三。"众狙皆悦。名实未亏而喜怒为用，亦因是也。

(庄子：《齐物论》)

用"狙公赋芧"的"朝三暮四"与"暮四朝三"的欺骗手段做譬喻，说明"因"而不作的道理。《左传》上常有这样的譬喻，如：

冬，楚子为陈夏氏乱，故伐陈……申叔时使于齐，反，覆命而退。王使让之曰："夏征舒为不道，弑其君，寡人以诸侯讨而戮之，诸侯、县公皆庆寡人，汝独不庆寡人，何故？"对曰："犹可辞乎？"王曰："可哉。"曰："夏征舒弑其君，其罪大矣，讨而戮之，君之义也。"抑人亦有言曰："牵牛以蹊人之田而夺之牛。牵牛以蹊者，信有罪矣；而夺之牛，罚已重矣。"

(《左传》宣公十一年)

用"牵牛以蹊人之田而夺之牛"做譬喻，以形容楚子伐陈因而"县陈"之不当，辞婉而义正，是何等

巧妙!

左宗棠答胡润之的信有这么一段：

> 鄂中官吏多湘官湘人，往往以湘之利献于鄂，为自媚计而不顾大局。湘之木税，征于湘，则为横征暴敛；征于鄂，则为名正言顺。乡中有一笑话，与此正相似。有两昆同立门前，弟持一莱菔生嚼之，甫入口，乃兄自旁批其颊詈曰："清晨不宜吃生冷物。"夺而啖之。此一事也。川盐官运，我为划策，而阁下采之，乃常德设栈，尽笼湘省盐厘之利，使我为湘人所不容。此又有一笑话：有两人商偷其邻之牛者，一人为之划策曰："吾邻牛圈与吾牛圈比，凿墙而入，吾先之，子为吾洞。"及偷者方牵邻牛，而人已牵偷者之牛遁矣。凡此皆瘠人以自肥者之资也。……

前一个故事是形容"以湘之利献于鄂"的譬喻，后一个故事是形容"瘠人以自肥"的譬喻。

第五节 重点

做文字和打仗摆阵势一样。打仗要把军队的主力放在适当的地方，然后才可以遣兵调将，出奇制胜。作文字也要把它的重点，即中心思想或最精彩的部分放在适当的地方，然后才可以章法不乱，引人入胜。但是：

（1）重点有放在前面的。如陶行知的《活吃丈夫》：

> 昆虫中活吃丈夫的有螳螂、蜘蛛、蝎子等，而以螳螂吃得最残酷。法国昆虫学家法勃耳观察螳螂之恋爱，有如下之叙述：
>
> 试看它们交配，为了避免群众的捣乱，我们叫它们一对一对地分居。每对夫妻各有一个小家庭，没有闲人进来闹新房。食物也多多地备好，使它们要吃什么就有什么吃，不至于有丝毫之饥荒。
>
> 将近八月底了。雄螳螂，苗条的情郎，以为时机成熟，便向他的胖姑娘瞄准。它弯着头颈，挺出胸膛，小而尖的脸上表现出热烈的情感。他一点儿不动地对着它的意中人呆望。伊并不惊动，仿佛是

表示一种不在意的样儿。雄的得到这点默许的暗示（我实不知其中的奥妙），便走近伊，忽然展开两翅，浑身都抖了起来，这大概是求婚吧。它身体虽小，一冲便冲上它的胖老婆的背上，稳稳地抱住。它们筹备了好久才实行交配，而交配的时候有时竟需五六点钟之久。

这一对没有动静的配偶是值得注意的，它们分开一忽儿，便再结合，比从前还亲密。这位太太所以爱伊的可怜的丈夫，不但是因为它能使伊的卵巢受精，而且是因为它的肉很合乎伊的口味。早则当天，迟则明日，它必定要被老婆捉着，照例在头颈上一口咬下，细细地吃，除两翅外，都被伊吃得精光。

我抱了一个好奇心，要看看第二个丈夫介绍给一个新近受精的雌螳螂会受何等待遇。调查的结果令人惊悸。唯螳螂对于食色两欲是不会满足的。不论下蛋与否，伊休息一忽儿，久暂各个不等，便能接待第二个丈夫并同第一个一样把它吃掉。第三个接上来，尽了传种之责，是被吃掉，踪迹毫无。第四个的命运也是这样。在两个星期之内，我亲见同一只雌螳螂吃掉七个丈夫。伊欢迎它们投入伊的怀抱,叫每一个都拿生命来缴付爱情之代价。

人总以为在大自然里雄的可以自由逃避,其实不然。我在那儿亲眼看见一对配偶干出这种可怖的勾当。那雄的,全副精神都用于尽它的天职,紧紧地把雌的抱着。可是它已经没有头,连颈子也没有,身体也不完全。那雌的,嘴儿伸过脖子,正在那儿吃伊没有吃完的温柔的情人哪……

我们有一位朋友的夫人很厉害,他当伊的面不敢说什么,背后常喊伊为雌老虎。我劝他达观些,便把螳螂的家庭生活讲给他听,他说:"我果然是比上不足,比下有余了。"

诸位若不信法勃耳的话,可以养些螳螂试试看。何必要信他的话呢?最好是亲自试一试吧。

(《斋夫自由谈》)

这篇文章的重心在要叙说"螳螂吃丈夫"的故事,一开首就把它揭出,使读者知道重点所在。其事既奇,文字又来得突兀,自然可以吸引读者。

（2）重点有放在文章后面者。例如，托尔斯泰的《难道这是应该的吗？》那篇小说，它的重点就是放在后面的：

> ……这几位先生（指托氏在他这篇小说的前半篇所叙述的几个人——灵皋）是三家，全住在乡下别墅里：一个是乡下的绅士，手下两千多亩田地；一个是做官的，每月得着三千卢布的薪水；还有一个是富家，是大厂主的子弟。
>
> 那些人看见围着他们吃食和苦工的样子，一点也不觉得奇怪，一点也不动心。他们以为这是应当有的事情。骑在马上的那个妇人看着那只狗，忽然说道："不，这是不能，我一点也看不见这个。"他就让马车停住，大家聚在一块说了几句法国话，笑了笑，把那狗放在马车里，重新又往下走；那石灰层好比云雾似地飞起来，喷在石工和走路人的身上。
>
> 一会儿，马车、马、自行车都一瞥而逝，好像成了别一世界的东西，然而那工厂里的工人和石

工、农夫，还在那替别人家艰苦无味地工作，直到他们的死去。

他们目送那些贵人过去，自己却想道："人类是为这样才活着的吗？"他们心里更觉得一阵阵的难受。

难道这是应该的吗？

这一篇作品是从田野中看见工人在厂中工作，在矿山中工作，看见乡下人在耕田，在那儿打石块等等的痛苦，又在田野中和工厂附近看见那有钱有势的人高车驷马、风驰电掣的情形说起。到了后来，总结一笔"这几位先生……"。以后四段总结其事，看出"好像成了别一世界的东西"，自然要在工农群众眼中、心中或是作者的心中逼出下面一个问题来："难道这是应该的吗？"文字重点在后面。像这篇文字，叙述的声势是一步紧一步，大有"群山万壑赴荆门"之势。篇末，煞手一句，戛然而止，余音绕梁，三日不绝。这是重点在篇末的好处。

（3）重点有在一篇之中的。如《西厢记》中"拷

艳"一篇的最精彩的部分就在当中一段,如下:

夫人:问候呵,他说什么?

红娘:他说道(唱):

夫人事已休,

将恩变为仇,

着小生半途喜变作忧。

他道:红娘!你且先行!

教小姐权时落后。

夫人:她是女孩儿家,着她落后怎么?

红娘(唱):

秃厮儿

我只道神针法灸,

谁承望燕侣莺俦?

他两个经今月余,

只是一处宿!

何须一一问缘由?

圣药王

他们不识忧，不识愁，

一双心意两相投。

夫人！得好休！便好休！

这其间何必苦追求？

常言道："女大不中留！"

夫人：这桩事都是你个小贱人……

红娘：非是红娘之罪，亦非张生之罪，乃是夫人之过！

夫人：这小贱人倒拖下我来！怎么是我之过？

红娘：信者人之根本。人而无信，大不可也。当日军围普救，夫人许退得军者以女妻之。张生非慕小姐颜色，何故无干建策？夫人兵退身安，悔却前言，岂不为失信吗？既不允其亲事，便当酬以金帛，令其舍此远去。却不合留于书院，相近咫尺，使怨女旷夫各相窥伺，因而有此一端。夫人若不遮盖此事，一来辱没相国家谱；二来张生施恩于人反受其辱；三来告到官司，夫人先有治家不严之罪。

依红娘愚见，莫若恕其小过，完其大事，实为长便。（唱）：

么

世有便休，罢手！
大恩人怎做敌头？
被白马将军故友，
斩飞虎叛贼草寇。

络丝娘

不争和张解元参辰卯酉，
便是与崔相国出乖露丑。
到底子连着自己骨肉！
夫人！休穷究！

"拷艳"一篇是《西厢记》的最精彩的部分，这一部分又是"拷艳"的中坚，所以写得有声有色，可泣可歌，把一个红娘写得那样有胆有识，有气魄，有担当，显得她"胸有千秋""目无余子"，只有《红楼梦》里的尤三姐和《警世通言》中的杜十娘足与比肩。王灵皋说:"世果有其人者,吾裹粮挟贽从之矣!至于张生、莺莺,则贾琏、尤二姐之流亚,滔滔者天下皆是也,又安足道?"(参看王灵皋的《国文评选》第二集,亚东本。)这是著者倾注其全力的地方,故说它是重点所在。

(4)重点有分置在篇首与篇末的。说话要有头有尾,作文亦然。普通作文,尤其是论说文字,总是起首把全篇主旨虚虚地或大概地说一说,或者,很坦然地、坚决地把所讨论的问题先下一个断语,然后才慢慢地条分缕析地说明这种论断的理由;到了末了,再来一个总结收束全篇,便是重点分在首尾。譬如徐玉诺的《十一个人犯》,开首是:

> 铿叱哗啦,铿叱哗啦,他们十一个——他们十一个囚犯,被八个武警押着,正在筑路,这路是从洛阳直通到西工的。

煞尾又是:

哗啦铿叱，哗啦铿叱，他们十一个囚犯，被八个武警押着，正在筑路，他们不曾吸烟，他们不曾喝茶，他们不曾休息。

这是描写十一个犯人不休息的劳动，被武装警察押着，给那些"收税自由，法权独裁"的人们筑路的情形，开首一段与结尾一段都详细点明题旨，提醒人们注意本篇的重点所在。这种首尾注重的写法，论说辩难的文字中最多。因为他同人讨论问题，首先就要简单地表示自己的意见，或是首先否定了对方的意见，这叫作"一针见血"，又叫作"开门见山"，或叫作"当头一棒"。因为一件事体本已被人视为情理之常，而今忽做翻案，恰似冷不防照着人头上给他一棒一样，哪能不令人吃惊、令人注意？迨到后来，一桩桩、一件件解释明白以后，你再总括全篇给它一个结论，向来惊讶不止、怀疑满腹的人，到此自然涣然冰释，这叫作"画龙点睛"。读者最好再去把胡适的《孙行者与张君劢》一文（王灵皋：《国文评选》第二集）翻出来读一读，你看他那开首一段与末尾一段的呼应，当更了然。

第六节 统一

"统一"这两个字,我们青年们一定是听惯了的,吴佩孚不是曾经做过几年"武力统一"的迷梦吗?现在的权力阶级不是在那一方面高叫他的"和平统一",一方面实行贯彻他的"武力统一"的政策吗?和平统一也罢,武力统一也罢;鬼来统一也罢,人来统一也罢;资产阶级的政权来统一也罢,工人阶级的政权来统一也罢——总归是统一罢了。统一就是把全国人的心思财力,不然,就是最大多数人的心思财力,集中于国家改建与社会改造的目标,无论是工人做工也罢,农民种田也罢,商人买卖也罢,文学家的描写或歌唱也罢,军事的行动和准备也罢,教育与文化工作的设施也罢,总而言之,一齐都向着一个方向,所谓"百川汇海""殊途同归",这就叫作"统一"——政治上的统一。老实说,真正的政治上的统一还在将来,这不是我们在此地所应讨论的问题。我们此地所讨论的是文字上的统一。

　　文字上的统一也和政治上的统一一样。假使你作一篇文字,本来是说张三的,忽而又谈到李四,本来是说上海的,忽而又谈到香港,那便乱七八糟,不像东西,读的人也摸不着头脑。所以,作文字一定要把它的意思集中,把它的主意拿定,从头到尾,处处要顾到做这一篇文字的本旨,然后目光四射,放手做去,才不致漫无归宿。譬如,题目本说的是李四,忽而说起张三也不妨;明明说的是上海,忽而又说到香港也不妨;不但不妨,反而文字因从旁面衬托起来,愈益有力,越发生动。《聊斋志异》说:"口有道,道四娘也;目有视,视四娘也;耳有听,听四娘也。"这就是统一的确切的注脚。

　　欲保持文字上的统一,必须严格地保持作者的观点。一个人做一篇文字,叙事必须要认定所叙之事物的关键所在,论说必须要认定所讨论的问题的重心所在,而作者的立场、作者的身份,讨论或叙述的目的,均应刻刻在心,丝毫不可越出范围。要达到这个目的,就得保持作者的两种观点:

（1）形式上的观点。所谓形式上的观点，就是从文字的外形上保持作者对于所做的文字的统一。譬如，你要记看花，那你处处就得在文字上表现出看花的情形，却不可表现出"葬花"或"种花"或"卖花"的意思来；你要说游山，那你就得处处在文字上顾到游山的意思，不要弄出"跑山"、"登山"或"爬山"的意思来。我们现在先拿杜甫的一首长歌——《奉先刘少府新画山水障歌》——写在下面，做个例子：

> 堂上不合生枫树，怪底江山起烟雾！闻君扫却《赤县图》，乘兴遣画沧州趣。画师亦无数，好手不可遇。对此融心神，知君重毫素。岂但祁岳与郑虔，笔迹远过杨契丹。得非悬圃裂？无乃潇湘翻！悄然坐我天姥下，耳边已似闻清猿。反思前夜风雨急，乃是浦城鬼神入！元气淋漓障犹湿，真宰上诉天应泣！
>
> 野亭春还杂花远，渔翁暝踏孤舟立。沧浪水深青溟阔，欹岸侧岛秋毫末。不见湘妃鼓瑟时，至今斑竹临江活！

刘侯天机精,爱画入骨髓。自有两儿郎,挥洒亦莫比。大儿聪明到,能添老树颠崖里;小儿心孔开,貌得山僧及童子。

　　若耶溪,云门寺,吾独何为在泥滓?青鞋布袜从此始!

　　杜工部这篇诗的观点是在他的朋友的堂上看见他所画的山水障,从这一点去描写。所谓"画师亦无数,好手不可遇",所谓"对此"哪,"知君"哪,"岂但"哪,"远过"哪,"得非","无乃","悄然坐我","耳边已似","反思","乃是","障犹湿","天应泣","不见","至今","能添老树颠崖里","貌得山僧及童子",哪一句离开了这一观点?——《奉先刘少府新画山水障歌》开首一句"堂上不合生枫树,怪底江山起烟雾",破空而来,突兀异常;紧接两句"闻君扫却《赤县图》,乘兴遣画沧州趣",轻轻入题,天衣无缝;末后"若耶溪,云门寺"一长句,悠然遐想,大有"画龙点睛,破壁飞去"之概,也是欣赏艺术品之后应有的感想(参看《国文作法》七二页,亚东本)。

我们再拿《劫法场》一篇来看一看。不过太长了,我们不能全引,现在只把它写梁山泊好汉劫法场的情形数段做例:

那知府勒住马,只等报来。只见法场东边,一伙弄蛇的丐者,强要挨入法场里看,众士兵赶打不退。正相闹间,只见法场西边,一伙使枪棒卖药的,也强挨将入来。士兵喝道:"你那伙人好不晓事!这是哪里,强挨入来要看!"那伙使枪棒的说道:"你倒鸟村!我们冲州撞府,哪里不曾去!到处看出人!便是京师天子杀人,也放人看,你这小去处,砍得两个人,闹动了世界,我们便挨出来看一看,打什么鸟紧!"正和士兵闹将起来。监斩官喝道:"且赶退去,休放过来!"

闹犹未了,只见法场南边,一伙挑担的脚夫又要挨将入来。士兵喝道:"这里出人,你挑那里去!"那伙人说道:"我们挑东西送与知府相公去的,你们如何敢阻挡我!"士兵道:"便是相公衙里人,也只得去别处过一过!"那伙人就歇了担子,都掣了扁担,立在人丛里看。只见法场北边,一伙客商推两辆车子过来,定要挨入法场上来。士兵喝道:"你那伙人哪里去?"客人应道:"我们要赶路程,可放我们过去?"士兵道:"这里出人,如何肯放你!你要赶路程,从别路过去!"那伙客人笑道:"你倒说得好!俺们便是京师来的人,不认得你这里鸟路,只是从这大路走。"士兵哪里肯放。那伙客人齐齐地挨定了不动。——四下里吵闹不住,这蔡九知府也禁治不得。又见这伙客人都盘在车子上,立定了看。没多时,法场中间,人分开处,一个报,报到一声"午时三刻。"监斩官便道:"斩讫报来!"两势下刀棒刽子便去开枷,行刑之人执定法刀在手。说时迟,那伙客人在车子上听得"斩"字,数内一个客人便向怀中取出一面小锣儿,立在车子上,当当地敲得两三声,四下里一齐动手;那时快,却见十字路口茶坊楼上一个虎形黑大汉,脱得赤条条的,两只手握两把板斧,大吼一声,却似半天起个霹雳,从半空中跳将下来,手起斧落,早砍翻了两个行刑的刽子,便望监斩官马前砍将来。众士兵急待把枪去搠时,哪里拦挡得住。众人且簇拥蔡九知府逃命去了。

只见东边那伙弄蛇的丐者,身边都掣出尖刀,看着士兵便杀;西边那伙使枪棒的大发喊声,只顾乱杀将来,一派杀倒士兵狱卒;南边那伙挑担的脚夫抡起扁担,横七竖八,都打翻了士兵和那看的人;北边那伙客人都跳下车来,推过车子,拦住了人。两个客商钻将入来,一个背了宋江,一个背了戴宗。其余的人,也有取出弓箭来射的,也有取出石子来打的,也有取出标枪来标的。

原来,扮客商的这伙便是晁盖、花荣、黄信、吕方、郭盛;那伙扮使枪棒的便是燕顺、刘唐、杜迁、宋万;扮挑担的便是朱贵、王矮虎、郑天寿、石勇;那伙扮丐者的便是阮小二、阮小五、阮小七、白胜。……

以上几段是《劫法场》一篇叙得最精彩的部分,而它的统一的精神也就充分地表现出来。第一段(原文第一九段，以下类推。）以"法场东边"与"法场西边"做统一的线索；第二段以"法场南边"和"法场北边"做线索，并且在中间又以"四下里吵闹不住"，总束上边的"东西南北"；第三段却以"十字街口"做中心，有了中央，始成系统，复从这十字路口杀将出去，于是"只见东边那伙……""西边那伙……""南边那伙……""北边那伙……"一齐从四面杀来；第四段便显得"谋定后动"的本领，也显得叙述的手段不凡。第五段又以"扮客商的这伙便是……""那伙扮使枪棒的便是……""扮挑担的便是……""那伙扮丐者的便是……"，把前面各段文字的东西南北四面来的好汉交代清楚，真有一线穿珠之妙，这便是在文字的形式上做统一功夫的（参看王灵皋：《国文评选》第一集），即从形式的观点努力于文字的统一的。

（2）思想上的观点。文字不但要在形式上要求统一，并且要在精神上要求统一，即在思想上要求统一。譬如前面所说的杜甫的《奉先刘少府新画山水障歌》，不但在文字的形式上组成一个匀称的机体，即在思想上，它也有它一个始终一贯、无懈可击的观点。他描写刘少府画的山水障始终从疑它是真的，因疑它是真的，显示它的作者的艺术的高超，不但刘少府自己的艺术好，即他的两个儿郎都是"聪明到""心孔开"，益显得刘少府自己的本领。末后露出他的"青鞋布袜"的出尘超世之想，益见刘少府的艺术之超凡入圣、引人入胜的妙处。这就是思想上的观点之统一。

思想的统一在文字上最为重要，因为它是文字的主要的目的。有时在形式上虽若五花八门，参差不齐，但在思想上却是文字的统一之上乘功夫，譬如高尔基的《拆尔卡士》一篇，明明是在描写现代流氓无产阶级之特殊心理与特殊伦理观念，他开首却写了一段插话（《高尔基小说集》，上海民智书局）。这段插话从表面上看来似乎与下面的本文不相干，实则本文所包含的思想，有了这一篇插话，格外显得它与社会的深切的关系，格外显得它对于现代社会是"一篇完全的、残酷冷峻的讽刺诗"的重要意义。就是说，形式上不统一，思想上却是极其统一的。

第七节　匀称

态浓意远淑且真，

肌理细腻骨肉匀。

……

背后何所见？

珠压腰衱[①]稳称身。

（杜甫：《丽人行》）

我们从前面看美人，自然希望看到她的"态浓意远"，得了这一点，已经是我们的眼福。然而在美人方面，若果没有"淑且真"做她的骨子，那这个美人至多也不过是个做电影的明星，或者是个唱新戏的女伶，甚至被人认为是一个销魂尤物罢了。这是一。"肌理细腻"在人的肉体美上固然是一个必要的条件，然而光是"肌理细腻"而没有曲线美，或是全体的配合不适当，那也不过是普通的美色而已，还不配算是真正的理想上的肉体美。所以，在艺术家的要求看来，一定要具备

---

① 衱，裙带。见《古代汉语词典》。——编者注。

"骨肉匀"这一条件。这是二。

上面并不是说的裸体美,只是对面的看法,看她的肌理和骨肉。但是,果真是一个美人,不但要看她的骨肉、肌理,并且要看她的身段与装束;不但要有珠宝金玉、绫罗绸缎做装饰,并且要戴得称、着得称,所以"珠压腰衱稳称身"也不能不说是美人的一个条件。我们看了日本妇人腰间束着的那一匹宽长的锦带,格外领会"珠压腰衱稳称身"的"称"字是如何贴切、如何地深合人体美的描写!人体的美要"匀",装束的美要"称",前者是先天的美,自然的美;后者是人为的美,修饰的美。两美融合,就是"匀称"。但是我们要"匀",不是要千篇一律、千人一样,或是肌理、骨肉都是平平整整的"匀",而是要于参差不齐、错综不一中显出它的各部分都恰到好处的"匀"。我们要"称",也不是人人都得"珠压腰衱"才算是"称",而是要于"淡妆浓抹""布裙荆钗",或是"珠宝压身""绮罗被体",无施而不可、无往而不与她的自然的身段、骨肉肌理相调和,这才叫作"称"。

我现在拿这两个字——匀称——来论文字的组织,

也就是这个用意。假使你描写一个英雄：用你的轻描淡写的笔墨把他的本色烘托出来也好，只要匀称；用你的雷霆风雨的笔墨渲染他出来也好，只要匀称。譬如，胡适的《梦谒四烈士墓》，他用那种斩钉截铁的文字来写这几位放炸弹的烈士，实在称。这篇诗第一首说明四烈士的来历；第二首叙述四烈士的炸弹的功效；第三首叙述四烈士之倔强不肯屈服，不做无益之悲，而决志牺牲以惩奸慝的情形；第四首写四烈士之所为，完全为行其心之所安，未尝计及身后之名，而通篇以"干！干！干！"做煞，这就叫"匀"。假使你描写一个美人：用你的吟风弄月的笔墨把她飘飘然绘出也好，只要匀称；用你的如泣如诉、如怨如慕的笔墨把她曲曲地传出也好，只要匀称。譬如老残写白妞：

> 王小玉便启朱唇，发皓齿，唱了几句书儿。声音初不甚大，只觉入耳有说不出来的妙境：五脏六腑里像熨斗熨过，无一处不伏贴；三万六千个毛孔，像吃了人参果，无一个毛孔不畅快。
>
> 唱了十数句之后，渐渐的越唱越高，忽然拔了

一个尖儿,像一线钢丝抛入天际,不禁暗暗叫绝。哪知她于那极高的地方,尚能回环转折。

几转之后,又高一层,接连有三四叠,节节高起,恍如由傲来峰西面攀登泰山的景象:初看傲来峰削壁千仞,以为上与天通;及至翻到傲来峰顶,才见扇子崖更在傲来峰上;及至翻到扇子崖,又见南天门更在扇子崖上——愈翻愈险,愈险愈奇!

那王小玉唱到极高的三四叠后,陡然一落,又极力骋其千回百折的精神,如一条飞蛇在黄山三十六峰半中腰里盘旋穿插,顷刻之间,周匝数遍。从此以后,愈唱愈低,愈低愈细,那声音渐渐地就听不见了。满园子的人都屏气凝神,不敢少动。约有两三分钟之久,仿佛有一点声音从地底下发出。这一出之后,忽又扬起,像放那东洋烟火,一个弹子上天,随化作千百道五色火光,纵横散乱。这一声飞起,即有无限声音俱来并发。那弹弦子的亦全用轮指,忽大忽小,同她那声音相和相合,有如花坞春晓,好鸟乱鸣。耳朵忙不过来,不晓得听哪一声的为是。正在缭乱之际,忽听霍然一声,人弦俱寂。这时台下叫好之声轰然雷动。

这两段用大明湖畔的本地风光形容王小玉的妙技,十分匀称。在这两段之前,配合着下面写王小玉的玉貌也十分匀称:

> 正在热闹哄哄的时节,只见那后台里又出来了一位姑娘,年纪约十八九岁,装束与前一个毫无分别,瓜子脸儿,白净面皮,相貌不过中人以上之姿,只觉得秀丽不媚,清而不寒,半低着头出来,立在半桌后面,把梨花筒丁当了几声,煞是奇怪:只是两片顽铁,到她手里便有了五音十二律似的!又将鼓槌子轻轻地点了两下,方抬起头来,向台下一盼。那双眼睛,如秋水,如寒星,如宝珠,如白水银里头养着两丸黑水银,左右一顾一看,连那坐在远远墙角子里的人都觉得王小玉看见我了。那坐得近的,更不必说。就这一眼,便鸦雀无声,比皇帝出来还要静悄得多呢!连一根针跌在地下都听得见响!

这种描写完全是动的写法，活的写法。写王小玉的面孔相貌都是很朴素的，然而这却有北方女孩儿的本色；写她的一举一动又都只用白描的写法，更觉得意趣天成。比之《红楼梦》上写贾宝玉怎样"面如傅粉"，怎样"唇若施脂"，写王熙凤怎样"眉如墨画"，怎样"鼻似悬胆"的呆板古董，把一个活泼的女人、一个翩翩公子写得像死人一样，真是有天渊之别——没有别的，只是老残写得匀称，《红楼梦》写得不匀称。但是那紧接着"台下叫好之声轰然雷动"的下面一段，闹出什么湖南人的一篇大道理，什么"三月不知肉味"，什么"三日不绝"等等赞扬，便是"狗尾续貂"，一点也不匀称；不但不匀称，连前面的妙处也减少了趣味。假使到了"忽听霍然一声，人弦俱寂"，戛然而止，不再续以下数段，那才妙咧！妙在什么地方呢？也就是匀称呵！（参考王灵皋：《国文评选》第二集，《大明湖畔批评》）然而，我们写作时要匀要称，究竟匀到怎样程度，称到怎样的程度呢？只有像杜甫说的"美人细意熨帖平，裁缝灭尽针线迹"那样的匀，那样的称。

第七章　文字的内容

第一节　民众的立场

写作的时候，无论什么人，第一个关头就要表现出他的立场。你是哪一派的人，你的文字自然而然就要显出哪一派的立场；你是哪一阶级的人，你的文字也就不知不觉地显出哪一阶级的立场。纵或你用一大堆的词句极力掩饰，极力否认，然而它的字里行间总归要露出马脚来。因为，在一个政治斗争最剧烈的社会中，一般人总欢喜标榜新的主义、流行的主义以自重。恩格斯说得对：

> 一八三〇年的事变，陷整个欧洲于不安，德国的文学也受了这种政治激动的影响。当时著作家几

乎个个人都宣传一种幼稚的立宪主义和更幼稚的共和主义。当时的文坛上渐渐养成一种习惯，特别是次等文人，在著作中要讽刺时政，获得一般注意，以掩饰其作品之平凡。诗歌、小说、评论、戏曲，每一文坛创作都含着一种所谓的"倾向"，换言之，即多少带着一些反政府精神的羞怯的表现。

现在也正是这样。自从一九一七年以后，中国也受到了大革命的影响，一般所谓"革命文学巨子"，自然开口"革命"，闭口"不革命"，他的文学上的革命字眼比贴标语还来得容易。就是一些不敢挂"革命"招牌的文学家，他们的作品也多多少少带一些"红"的色彩，以招徕读者。大部分青年们起初都是带着感情接受这些作品的。这两类的作家，当然逃不脱恩氏所说的"次等文人"的范围。我们现在并不是教一般青年写文学作品，而是帮助一般青年读者增加他们应用文字的修养。但是，人总是社会的动物，何况现代青年生在这个排山倒海、惊涛骇浪的斗争生活中，首先就要碰到这个浪潮的冲荡。他们不下笔写作则已，一下笔写作，就不得不有意识地或无意识地表示他的社会的关系，即他的社会的立场，换言之，就是他的阶级的立场（Der Standpunkt der Klassen）。我们青年写作时应当站在什么立场呢？自然要站在民众的立场。什么是民众呢？这一层不弄清楚，那人也是民众，鬼也是民众，也就和袁世凯做皇帝时，段芝贵也是公民，陆建章也是公民，孙毓筠也是公民一样，那便是笑话。民众就是在社会中占着极大多数的以劳力生活的工农大众。站在最大多数的工农大众的立场，即代表最大多数工农大众的利益的立场，就是民众的立场。但是我们要问，徐志摩下面一段文字是不是民众的立场呢？你看：

> 前几时有一天俄国公使馆挂旗，我也去看了。加拉罕站在台上，微微地笑着，他的脸上发出一种严肃的青光，他侧仰着他的头看旗上升时，我觉着了他的人格尊严，他至少是个有胆有略的男子，他有为主义牺牲的决心，他的脸上至少没有苟且的痕迹，同时屋顶那根旗杆上，冉冉地升上了一片的红光，背着窈远没有一斑云彩的青天。那面簇新

的红旗在风前斗峭地袅荡个不定。这异样的彩色与声响引起了我异样的感想。是腼腆,是骄傲,还是鄙夷?如今这红旗初次面对着我们偌大的民族,在场人也有拍掌的,但只是断续地拍掌。我想这就算是我们初次见红旗的敬意,但这又是鄙夷、骄傲,还是惭愧呢?那红色是个伟大的象征,代表人类史里最伟大的一个时期,不仅标示俄国民族流血的成绩,却也为人类立下了一个勇敢尝试的榜样。在那旗子抖动的声音里,我不仅仿佛听出了这近十年来南斯拉夫民族失败与胜利的呼声,我也想象到百数十年前法国革命时的狂热,一七八九年七月十四日那天,巴黎市民攻破巴士梯亚牢狱的疯癫。自由,平等,友爱!友爱,平等,自由!你们听呀,在这呼声里,人类理想的火焰一直从地面上直冲破天顶,历史上再没有更重要、更强烈的转变的时期。卡莱尔(Carlyle)在他的《法国革命史》里形容这件大事有三句名句,他说:"To describe this Scene transcends the talent of mortals. After four hours of World-Bedlam it surrenders, The Bastille is down."

［他说："要形容这一景超过了凡人的力量。过了四小时的疯狂，它（那大牢）投降了，巴士梯亚是下了！"］打破一个政治犯的牢狱不算是了不得的大事，但这事实里有一个象征。巴士梯亚是代表阻碍自由的势力，巴黎市民的攻击是代表全人类争自由的势力，巴士梯亚的"下"是人类理想胜利的凭证。自由，平等，友爱！友爱，平等，自由！法国人在百几十年前猖狂地叫着。这叫声还在人类性灵里荡着，我们不好像听见吗？虽则隔着百几十年光阴的旷野。如今凶恶的巴士梯亚又在我们的面前堵着；我们如其再不发疯，它那牢门上的铁钉，一个个都快刺透我们的心胸了！

（徐志摩：《落叶》，十八—二十页）

徐志摩不是在喊巴士梯亚的"下"吗？不是在喊什么"自由，平等，友爱！"吗？不是要希望"我们发疯"吗？但是他的立场却不是民众的立场，而是少数阶级（即自由资产阶级）的立场。我们不待要看他后来发表的东西（与这篇文字反对的），即就本文就可以断定了,因为他把巴士梯亚狱的"下",仅认为是"人类理想胜利的凭证",把一部革命史的事实,把法国大革命中的主要动力——工人阶级与农民群众在革命中的最伟大的作用一笔抹杀。我们再看克鲁泡得金怎样说法:

> 七月十四日的黎明,巴黎暴动的注意点是集中于巴士提尔(即徐志摩所译的"巴士梯亚"——灵皋)。它是一个暗淡的堡垒,有几个坚固的高大的钟楼。它坐落在人口繁盛的区域的房屋背后,在将近圣安同因区的门口。历史家现在还在研究,人民的思想如何会朝着这一方向注意,有些历史学家认为这是市政厅常务委员会想给暴动以一个攻击的目标,于是指使暴动去反对这个帝制的象征。然而,没有材料能证实这个假设,只有些重要事实批驳它。或者自从十二日和十三日以后,人民的直觉,懂得了在宫廷征服巴黎的人民的计划之中,巴士提尔占重要地位,因此决定先占领它,这种解释是更相近些。
>
> ……

立刻，围城的人民占领了炮台！他们解除了瑞士人和领年金的人们的武装，捉住了朗勒，把他拖到市政厅。因为他的背叛，群众非常愤激，在路上施以各种侮辱；有二十次他几乎被杀，假使不是萧讷和另一人（注：**这人不是梅雅吗？我们知道正是他捉住的朗勒**）的英勇的努力，用他们的身体保护着他。但是只离市政厅一百步的时候，人民将他从他们的手中夺过去，将他斩首了。德胡是瑞士兵的司令，因为他宣告他以后忠于巴黎和忠于法国，和饮酒祝贺他们，才救了自己的性命，但是巴士提尔司令部有三个官佐和三个兵士被杀。至于商会的官长弗勒塞尔，他曾和贝森发尔和波利涅公爵夫人通信，而且照他的某一信中的一段所讲的，他还隐藏着许多别的丢皇后的脸的秘密。人民正准备杀他的，忽然一个无名氏将他枪毙。无名氏未必是想着只有死人们才不能讲话了吗？

　　……

　　革命是怎样开始的。人民获得了第一次的胜利。这种物质上的胜利是重要的。革命应当经得起一个斗争的试验,而且应当从这试验中凯旋出来。
人民的力量是如何,应当有一个证明,可以威镇敌
人,可以鼓起法国的勇气,可以推动各地叛乱,朝
着争自由前进。

卡莱尔、徐志摩他们两人和克鲁泡得金放在一块相
比,或许读者要疑惑有点不伦不类,其实我们不过是拿
卡莱尔和徐志摩做他们一类人的代表而已。他们和克氏
对于巴黎市民攻下巴士提尔的立场不同,就是他们对于
法国大革命的立场不同的表示,最显然的就是:

第一,卡、徐两氏认为巴士提尔的"下"是"经过
了四小时的疯狂"的结果,就是说,经过了巴黎人民
四小时的疯狂的结果。他们把民众革命的最高尚、最
热烈的精神比之为"疯狂"!克氏则不然,他叙述巴黎
人民既攻下巴士提尔之后,他们的领袖还在用他们的身
体,从民众的积恨蓄怒之下,尽力地保护那背叛人民的
朗勒,想把他送到市政厅去审判。瑞士兵的司令只宣告
他以后忠于巴黎和法国,他就得保全首领。此外,巴士
提尔只有三个官佐和三个兵士被杀,其他则只有一个出

卖人民的商会会长弗勒塞尔被杀。较之统治阶级平常杀人如麻，真是天渊。从这种忠实的叙述中，我们可以断定：巴黎人民在大革命中一点也没有疯狂，因为大革命并不是疯狂，而是人民争自由、争解放的最高表现。这是他们对于大革命的立场相反的第一个证据。

第二，卡、徐两氏认为"这一景（即法国大革命的一幕——灵皋）超过了凡人的力量"，克氏又恰恰相反。他认为这一胜利，即巴士提尔的攻下，只是革命经得起战争的试验，只是证明人民的力量，因为这一力量发动的结果，"可以威镇敌人，可以鼓起法国的勇气，可以推动各地叛乱，朝着争自由前进"。这些革命民众都是凡人；只有凡人结合起来的力量，才是超凡的力量。这是他们立场不同的第二个证据。

第三，徐志摩认为，巴士提尔的"下"是"人类理想胜利的凭证"，这又闹起什么"理想"主义来了，这又想把人间的事情变成天上的事情，把社会生活的不平等、不自由的必然结果，变成什么哲学家或思想家的脑子里的把戏了，克氏又大大地不然。他以为，法国大革命的爆发完全由于人民不堪王权和封建阶级的剥削与压迫，而巴士提尔的攻下是由于"人民的直觉，懂得了在宫廷征服巴黎的人民的计划之中，巴士提尔占重要地位，因此决定先占领它"。这种叙述不但不包含一点什么"理想的胜利"的味儿，并且连市政委员（资产阶级的指导机关）指导暴动的浮词也批驳了。这是他们对于法国大革命的态度不同的第三个证据。

那么，他们的立场的不同，究竟是在什么地方呢？卡、徐两人对于法国大革命的文字是少数阶级即资产阶级的立场，克鲁泡得金的叙述法国大革命乃是民众的立场。我们青年写作的时候，处处都要站稳他的民众的立场，就是说：

（1）我们要用文字做要求自由的工具，但这种要求必须是最大多数的民众的要求。

（2）我们要用文字做要求平等的武器，但这种要求也必须是最大多数的民众的要求。

（3）我们要用文字表现我们的仁爱（Menschenliebe），但这种仁爱必须是建筑在最大多数民众的兄弟之谊的基础上的。

第二节　斗争的精神

> 灿烂的王冠最后和玻璃杯一样的容易击碎。
> 在尘世上呵，我们怨恨已经沸腾了；
> 看呵！人民都起来了，他们是最不畏罪，
> 看呵！那时候在你们的旁边，我将百折不回。
> 在莱因或多瑙，你们将看见一个叛逆，
> 他的一切一切都忠实于他的主义；
> 在皇位的废墟上和在自由人民的中间呵！
> 他们将向你们庆祝，高喊万岁！
>
> （佛莱利格拉：《莱因新闻的告别辞》）

这是在一八四九年五月十九日《莱因新闻》因为宣传革命而被封禁时的最后一期上，佛莱利格拉告别人民的诗。我们从这一首伟大革命的作品中，看出它的斗争的精神：

第一，《莱因新闻》虽被封禁，它的编辑人虽然又算遭了一次失败，然而它不但不失望，并且预祝将来"在皇位的废墟上和在自由人民的中间"的胜利。

第二，它虽被停刊了，然而它却向统治阶级表示"人民都起来了，他们是最不畏罪"，并且预告将来的"一个叛逆"。叛逆就是斗争的别一名词。无论在思想上，在文字上，在行动上，你要斗争，就得要做叛逆；因为斗争就是不屈服，不投降，不妥协，那除了叛逆还有别的方法吗？所以，在统治阶级的字典上、文献上的"叛逆"这两个字，在我们看来就是生活历程上的"十字架"！

我们人类的祖先从动物进化而为人，从原始的人类进而为现代的人类，在这一个极悠久的历程中，哪一时哪一刻不是在斗争、在叛逆？他们对于自然的现存状态叛逆，把天上的雷公爷变成听我们驱使的电气，把地下的宝藏变成听我们使用的煤炭，哪一桩不是和自然斗争？哪一件不是对自然叛逆？至于人对人更不用说了。没有斗争，农奴和奴隶的制度怎样取消？没有斗争，封建制度怎样灭亡？没有斗争，俄国的察尔（Zar）怎样崩溃？克伦斯基的政权怎样推翻？我们若是说放弃了斗争，那就无异是说，我们放弃生活的权利，放弃生存权！文字是人类的生活上一种最重要的工具，文字的精

神就是我们人类生活的精神之表现,所以,我们在文字上应有一种坚决的、勇敢的斗争精神。譬如高尔基的《海燕歌》:

> 在灰白的海的平原上,风敛集着乌云。在乌云和海的中间有如黑电似的海燕高傲地翱翔着。
>
> 它有时以一只羽翼触着波浪,有时如箭矢一般直冲向乌云,它高叫着——并且乌云在这鸟的勇敢的喊声里听出欢快。
>
> 在这喊声里是暴风雨的渴慕!
>
> 乌云在这喊声里听见愤怒的力、热欲的火焰和胜利的信心。
>
> 海鸥临暴风雨前下沉——下沉,又临海面上翻转,而且预备往海底藏起暴风雨前的自己的畏惧。
>
> 潜水鸟也下沉;——它们,潜水鸟,享受不了生活战争的快乐:雷的怒击威吓着它们。愚的企鹅惊怯地将油肥的身躯隐在陡岩下面的僻地——只有高傲的海燕临在灰白的海沫上勇敢而且自由地翱翔着!

乌云更为阴暗而且低落地临在海上下坠,波浪也向四处舞动唱起,迎着炸雷。

雷声响动,在怒沫里,浪和风争吵着沉下。呵呵,风以坚结的胸怀抱着成阵的浪,而且将它们恶毒地乱挥在岩石上,碎成灰和斑彩的大块绿色泡花。

海燕如黑电一般高叫翱翔着,它的羽翼掠破了浪沫,有如箭矢透穿了乌云似的。

呵呵,它穿戴好像恶魔——高傲的暴雨的黑色恶魔——笑而且哀哭……它临在乌云上笑,它由于欢快哀哭。

在雷的震怒里——明事的恶魔——他早已听得倦了,他相信乌云遮不住太阳,不,遮不住!

风在吼,雷在怒鸣……

成阵的乌云在海的深渊上,闪出青蓝的火焰。海捉住电的急箭而在自己的碧渊里熄灭。俨如火蛇一般,这些电的反光,在海里蜷动消灭去。

——暴风雨!暴风雨快响动起来!

这个勇敢的海燕临在怒鸣的海上,界于急电中间,高傲地翱翔着;胜利的先知于是叫起:

——任暴风雨将更有力些响动吧！……

高尔基的这种作品，一来是预言大革命的暴风雨将要到来，二来是表示革命者是用全力欢迎这种暴风雨的。这就是我们前边所要说的克鲁泡得金的话："革命应当经得起一个斗争的试验！"每一个在现代战争的社会里生活着的人都应当经得起一个斗争的试验。他应当抱着斗争的精神，在言行上，在文字上。高、克两氏的话是值得我们注意的，但是高氏的斗争精神只有在文学上是可以称得起伟大的，然而他在政论的斗争即关于行动斗争的文字，那就不可为训了。他到了革命之前夜，到了真正要在行动上欢迎这一暴风雨的时候，却又在文字上表现他的反对倾向，即放弃斗争，至少是对于斗争怠工了。我们且看乌理耶诺夫一九一七年三月十二日从屈利希（Zurich）寄回俄国的一封信上的话：

> 我刚才（三月十二——二十四日）在《新屈利希报》（Neuen Zurcher Zeitung）——三月二十四第五一七号——读到从柏林传来的电报消息，从瑞

典人传出来的消息：高尔基向政府及执行委员会致祝贺辞。他祝贺民众对于反动权力者的胜利并且要求俄国所有精神上的和体力上的壮丁一齐努力于新俄罗斯的国家建筑物的建设。同时他又要求政府用和平协定的缔结获得他的解放事业的荣誉。不是要在俄罗斯比其他国家都缺乏理由而不惜任何牺牲以求的和平，而是要在俄罗斯比世界其他一切民族都大有可能的和平。人类的血已经流够了，若是新政府能以实现一种迅速的和平协定，那不但对于俄罗斯并且是对于全人类，都是一个最伟大的功绩。

高尔基（Maxim Gorki）的信的内容是这样地重述出来的。

一个人读到这种用普通流行的凡俗的偏见所浸淫的信件时，受到一种痛苦的感触。本文的著者（乌理耶诺夫自谓——灵皋）当他曾在嘉普利岛（Aufder Insel Capri）会见高尔基时，对于他的政治上的错误警告过并斥责过他。高尔基用他的不可仿效的、和蔼可亲的笑并用坦白无私的"我晓得，我是一个坏的马克思主义者。而且我们一切艺术家都是一个有点不能计算的"的声明来接受这些非难。他所说的我们倒有点难以否认。

高尔基是一个有权威的艺术的天才,这种天才给了国际无产阶级的运动许多利益并且还在给它,这是不加疑惑的。

然而高尔基自己对于政治的关系怎样呢?

……

接着就批评高尔基的这种政治上的见解,不但是小资产阶级的某种偏见的表现,并正在把这种小资产阶级的偏见影响到工人阶级。所谓小资产阶级的某种偏见,这里所指的,就是幻想不能实现的和平,"与虎谋皮"的和平;而这种幻想正是没有坚决的斗争精神之十足的表现,就是妥协。反过来看,乌理耶诺夫的这种文字确是充满着实际斗争的坚决而勇敢的精神。我希望青年读者不仅要做高尔基那样的斗争文学家,尤其要做乌氏那样一丝不肯放过斗争的政治家,要做他那种毫不妥协的斗争的文字。但是斗争的精神究竟是怎样一回事?我且借下面几句话把它形容出来:

维拉伊万诺夫娜（Wera Iwanowna）照着她自己的说法，对列宁说：

"盖渥格（普列汉诺夫）是一个猎犬：他咬，咬了就放。你却是一个斗犬，你有一个致人死命的爪子。"

（L.Trotzki.*Mein Leben* S.145~146）

这就是说，普列汉诺夫的斗争精神是不坚决的，譬如一个猎犬，它虽咬人，却是咬了就放；乌氏却不然，他有一个致人死命的爪子，不抓你则已，要抓你，就要抓住你，既抓住你，便死也不肯放手。这种斗争的精神完全是攻击的，中国人所谓"扎硬寨、打死仗"的防御战的口号还不足以喻之！

古往今来有名的伟大的所谓划时代的文字（或著作），没有一个不是对于它的旧社会、旧学说，或统治阶级的传统成见之艰苦和英勇斗争的产品，如达尔文的《物种原始》，如马克思的《政治经济学批判》，如恩格斯的《反杜林论》，如列宁的《唯物论与经验批评论》及其他一切文献，都是理论斗争和实际斗争的结果。或者有人要说，徐志摩、胡适、陈衡哲、陈西滢及其他一切资产阶级的学者的作品，有些只是写出个人的心情，或是很和平地喊叫几声，如徐志摩的《巴黎鳞爪》，如陈衡哲的《小雨点》等等，算不得什么斗争的文字。其实不然。他们的臆底渥逻辑都是资产阶级的，他们对于现社会的观察虽有各种缓急之不同，然他们总是站在维持现社会的立场。他们的形形色色的情绪发而为文字都有他们的社会根源，也就是他们对于他们现在或将来的运命之斗争的必然的表现。就是他在倡导和平，高喊博爱，也只是替他所附属的社会阶级斗争的另一途径或另一形式。青年作者，你试想一想，你一下笔，无论你发表什么意见，泄露什么情绪，你总得加入某一方面或反对某一方面（有意识地或无意识地），任凭你的词句怎样高超、怎样圆滑，你都脱离不了这命定的生活斗争的战场！

砚上龙蛇走，
笔底战场开！

（借用亡友韩著伯先生语）

来！来！来！全国的青年们啊！你们要作文，先要和那压迫我们生活的黑暗势力算清这一笔血账——新仇旧恨。恩格斯说："假使我们被击败了，我们除了再从头干起，更无其他办法。"这就是斗争的精神。珊德乔治说：

> 斗争，不然就死。血战，不然就什么都没有。问题不可避地像这样地提出。

第三节 丰富的情感

喜怒哀乐爱恶欲之动于中者，必形诸外。所谓形诸外者，有数端：或见之于言语，或播之于声音，或形之于相貌，或发之为文字。所以，情感为文字的动力之一，断没有无动于衷而见于外的文字。即勉强为文，语不由衷，则文字亦断乎没有生气。我们任取一种文字——戏曲也罢，小说也罢，诗歌也罢，散文也罢，必有丰富的情感做它的酵母，这种文字的内容才有浓厚的趣味和深切的意义。茅盾先生下面一段话很有意思：

……更想到志摩在《猛虎集》序文中所反复自悼的"诗情枯窘"了。记得前年秋天在上海遇见他时,他也有同样的悲感——虽然他说话的态度永远是兴高采烈而且诙谐。那时我曾经这么发问:"你推求过你这近年来诗思枯窘的原因吗?"他耸耸肩膀微笑。过了一会儿,他吐露这样的意思,诗题尽有,但不知怎地,猛烈的诗情不能在他胸中燃烧。现在,经过了火与血的上海"一·二八",假使徐志摩尚在,不知道他还依旧感到"诗情枯窘"不?

可惜徐志摩死了,没有回答这一问题;但假使徐君还在,他也不过仍然是"耸耸肩膀",纵不"微笑",亦不过微叹而已;他仍然只有说是"诗题尽有,但不知怎地,猛烈的诗情不能在他胸中燃烧"。为什么呢?这又要谈到社会问题、阶级问题了。"诗非穷愁不能工"这句老话,实在是有深远的意思的。就是说,一个诗人必须有热烈的情绪或丰富的情感,才能做出好诗来。不但诗人是如此,其他任何一种文人,做任何一种文字,若果没有热烈的情绪在里面鼓动,也是不会算得好文人，因为他不会做得好文章。司马迁说得对：

> 昔西伯拘羑里，演《周易》；孔子厄陈蔡，作《春秋》；屈原放逐，著《离骚》；左邱失明，厥有《国语》，孙子膑脚，而论兵家；不韦迁蜀，世传《吕览》；韩非囚秦，《说难》《孤愤》；诗三百篇，大抵贤圣发愤之所为作也。——此人皆有所郁结不能通其道也。故述往事思来者。

必须"有所郁结不能通其道"，然后用文字来发泄他的"郁结"，这种文字的内容自然具有丰富的情感。世上有两种人不会有热烈的情绪或丰富的情感。

一种是没落阶级的人。他们从席丰履厚、饮酒食肉的压迫阶级的生活中，被人（被压迫阶级）打翻了出来。他们完全是从个人的身家性命或少数人的幸福出发，而且积久的有闲阶级的安坐而食、不劳而获的生活，已经把他们的斗争的精神消灭了。他们既不站在最大多数民众的立场上，自然不会鼓起他们斗争的精神，自然也就不会燃烧起热烈的火焰在他们的心中，那他们只有逃亡、没落、沉沦,纵有情绪,也是"夕阳无限好,只是近黄昏"的奄奄欲毙的悲哀。所以,十月革命这一狂风骤雨,打倒了世界许多文坛尤其是旧俄的文人,除了少数变成它的同路人以外,其余的都逃到巴黎、伦敦、柏林,过他们的日暮穷途的生活。他们的阶级死灭了,他们的创造生命与之偕亡了,他们除了时时发出一种可怜而可耻的对苏俄的诅咒诬蔑外,并不会有什么美丽的或是悲歌慷慨的作品,唱给我们大多数的人类听了,他们永远不能了!

一种是没出息的已经取得政权的阶级,殖民地的资产阶级就是这一类的。当他们还完全是被压迫阶级时,他们多少还可歌唱几句,做得一点有生命的文字;一旦爬上了权力阶级,那他的诗人就马上没有歌唱的能力了,他的文人也就马上失了他的创作的天才了。这究竟是怎么一回事?原因很简单:他们变成了统治阶级,虽然还有外来的势力压迫在头上,然而他至少可以做"小朝廷",可以做"经纪人",可以与帝国主义平分政权,至少可以瓜分一点政权;他们满足了,他们高枕无忧了,他们脑满肠肥了,他们的斗争的精神随着他的

"满足"消逝了,他们的"热烈"的情感也随着他的脑满肠肥葬送了!任它什么烈"火"也再燃烧不着他胸中的余烬的灰焰了!任它什么热"血",再也鼓动不起他心田中的愤怒的波澜了!徐志摩是这样,和徐志摩一类的人也都是这样。有些人(他们之中)虽然极力在挣扎,像那种"大亚细亚主义者"的《黄人之血》,他"神往成吉思汗的帝星",歌颂"猛虎拔都把人当猪",希望"亚细亚的勇士张开血口,一把烈火烧净莫斯科"(参看胡秋原:《钱杏邨理论之清算与民族文学理论之批评》)的大开倒车的妄念;在它的酒酣耳热的辞句里面,所余的只是末路的空虚,极其可怜的空虚,并且是它的触须已经触到它的阶级没落之运命的悲哀与无聊的空虚。只可说,它没有情绪,没有热烈的情绪,没有富丰的情感!

我们所说的情感,并不一定专限在文学(诗歌、戏曲、小说)范围内,在其他一切散文、一切应用文字中都有情感的存在。这种情感并不一定是由富于煽动、富于刺激性的词句表现出来的,它也就和夔门以上的江水一样:忽而清流急湍,波澜壮阔,人人望得见的,固然是江流；忽而重山叠嶂，树木阴翳，波光中断，奔流暗渡的，也是一样的江流。火山喷出来的固然是火，它那蕴藏在地心终有爆发之一日的也是火。剑拔弩张、椎心泣血固然是情感，因物起兴、触景兴怀也是一样的情感。有时蕴而未吐或含譬而喻的情感，比爽爽快快表暴出来的情感更深切、更痛心、更刺骨、更不可一朝忍。如莫泊桑的《杀父母的儿子》与《马丹拔蒂士特》、高尔基的《他的情人》和柴霍甫的《侯爵夫人》一类的写实作品所蕴藏的悲哀、愤怒、痛苦、呻吟、辱骂和斥责，更是如闻其声，如见其人。在现在的情况之下，我们的喉咙被人一把扼住的时候，我们只能用这种无声之泣、无泪之血来做我们对于人类的呼声，来做我们对于人类的控诉。这种呼声和控诉是大多数民众的迫切不可言喻的心情。固然，在将来，表现于文字的情感不是这样，然而在现在的阶级社会中，这种情感却是文字上，尤其是文学作品所不可缺的因素。在现在中国民族斗争最剧烈的时候尤其如此。我们至少不要忘了明末江阴守城将那种牺牲抗战的精神、热烈轰腾的情绪，他们说：

宜兴人,一管枪!

无锡人,团团一股香!

靖江人,跪在沙滩上!

常州人,献了女儿又献娘!

江阴人,打仗八十日,宁死不投降!

"宁死不投降",这是我们现代中国人的人生观,也就是我们对于祖宗,对于民族,对于社会最神圣的义务!我们的文字也只有在这种斗争的情绪中才有生命!

第四节 深远的意识

我们在本章第一节说明文字上的民众的立场,第二节说明文字上的斗争的精神;第三节说明文字上的丰富的情感。但是我们所谓民众的立场,不只是纸上空谈,更不是几句左的词句的装饰,而是要它在文字上活跃着斗争的精神。但是斗争的精神更不是一般凉血动物、统治阶级的雇佣或帝国主义者所豢养、训练出来的买办坯子及受这种影响的摩登青年的习性所能有的,而是要从丰富的情感，再明白些说，就是对于大多数民众的同情心所燃烧着的火焰——热烈的情感中培养出来的。我们且拿今天（八月五日）《申报自由谭》瞻庐的《二一枝谭》：《热汤》一篇短文来做个例说一说。他说：

  大热天气，街头巷尾正大做其冰淇淋、酸梅汤这一类冷的饮料的生涯，但是，报纸上面却大书特书着"热汤"两个字。热汤便是热河汤玉麟的省称。自从东北不抵抗，失却了许多锦绣江山，宛比在民众头上淋了一勺冷水，教他们整个的身体都冷了半截！现在热汤是主张抵抗的了，宛比给那冷了半截的民众喝了一杯滚烫的姜汁，使他们热腾腾地做那抗敌的工作！热汤！热汤！这才是名副其实的热汤！

  有人怀疑热汤，说他从前的态度不大鲜明，好像和那舶来品的中将汤混合在一起，成了一碗和合汤了。但是，疾风知劲草，板荡识忠臣，热河吃紧的当儿，热汤发表了一篇汤誓大文章，果能心口如一，热河地方便不难固若金汤了。热汤！热汤！我把你当作四万万人的续命汤!

末了,颂不忘规,赠给你一首汤之盘铭:

"热汤!毋忘!

永远不要改变你的热汤!

休得热气化为冷气,

变作了冷的饮料冰淇淋和酸梅汤!

冷了你的汤,

便是冷了四万万人的血,冷了四万万人的心肠!

热汤毋忘!"

从这一篇文字里,我们可以看出作者没有民众的立场,没有斗争的精神,更没有丰富的情感。汤玉麟还不是和奉天那一窝子的官僚一样,都是从一个炉里造出来的。你若不相信,就请看天津意租界在他的公馆里搜抄出来的两千包鸦片,就知道我说的话不错了。明亡时,显宦胡广(?)与其某邻人(亦高官)相约城破死难,迨城既破,邻人某往视之,则见胡广方督饬家人饲猪。国破家亡,将以身殉,而谓尚恋恋于猪仔,有是理乎?识者早已知其死节之说之欺人矣。汤玉麟的两千包烟土和十数卡车的家私（从热河搬来）固不能与区区猪仔相较，然而其无抵抗决心，与明之胡广一也。若更以最近日人在热河的行动与夫"热汤"的应付情形证之，尤可明了他那"誓死抵抗"的文告，也同其余的达官贵人的"长期抵抗"的宣言是一样的鬼话。"因为明白的人判断一个人，不是靠他的声明，而是看他的行动；不是看他自称为一个什么人，而是看他做的什么和真正是什么……"汤玉麟做的什么和真正的是个什么，我们从前面所述的事实里还不够断定的吗？瞻庐君还希望这热汤（其实是从冰窖子里捧出来的冷汤）来"做四万万人的续命汤"，那岂不是作者自己糊涂？所谓"不可与言而与之言"，作者自己的情感，在这种无聊的呻吟之中也就够冷的了。因为他没有看到民众，没有一丝一毫的斗争精神，更没有一丝一毫热烈的情感。胡适的《梦谒四烈士墓》的歌也是这样。它虽然罩上了许多"手枪炸弹"和"干！干！干！"等等字眼儿，但它的内容是异常的空虚！胡适把"帝制的推翻"归功于某烈士的一弹，这完全是抹杀一切历史、一切民众革命力量的瞎话。手枪炸弹解决不了社会问题、政治问题。胡适这种浅薄的作品,实在找不到它有什么斗争的精神和丰富的情感,所得到的印象,只是手枪炸弹的字眼下的一切的空虚。

陶行知的《农夫之声》的歌儿也犯了同样的毛病,你听啊:

> 穿的破布衣,
>
> 吃的草根面;
>
> 背上背着没卖掉的孩儿,
>
> 饿煞喊爹爹。
>
> 牵着牛大哥,
>
> 去耕别人田。
>
> 太阳晒在光头,
>
> 心里如滚油煎。
>
> 九折三分,
>
> 驼利纳粮钱。
>
> 良民变成匪,
>
> 问在何处申冤?
>
> 人面蝗虫飞满天!

飞满天,

无有农民谁能活天地间?!

(《斋夫自由谈》)

陶先生这种叙述完全是事实,只会比事实说得少,绝不会虚张,但是它的内容也和郑板桥给他的弟弟的信所谈的一样,恐怕还没有板桥老人给他弟弟写的那四首五言绝句(见《板桥集》:《潍县寄舍弟墨》第三书,并参看王灵皋:《国文评选》第一集)那样深切。

郑、陶两人的作品都是乡村资产阶级的一种人道主义的描写,由这些千真万确的事实,发出一种微弱的同情心,除此而外什么也没有。陶行知的歌并没比板桥老人的作品更进一步,斗争的精神和丰富的情感,连影子也没有!为什么呢?他们都只看到社会现象的表面,而没有意识到,或不愿意意识到,或不会深远地意识到这些社会现象的背后的动力,即"动力之动力",哪能有什么民众的立场?哪能有什么斗争的精神?又哪能有什么丰富的、热烈的情感?所以,我们劝告青年写作时,一定要对于他所写作的事物有一种深远的意识。说到这

一层,我们不得不佩服克鲁泡得金,他的《法国大革命史》是能深远地意识到历史上的动力之动力的。他说:

> 一般地说来,一七九〇年的形势是很黯淡的。路达洛在一七八九年十一月二十八日的 *Revolution de Paris* 报上说:"富人的多头政治已经无耻地建立起来,谁知道,假使现在有人敢说,<u>国民是一国的主宰</u>,他不是犯了欺骗国民之罪呢?"然而从那时起,反动势力已经占住了很大的地盘,在我们的眼睛前面的它是逐渐地开展。
>
> Anlarb 在他的关于法国大革命政治史的大著中,很详细地解释对于共和政府组织的思想,那时代的资产阶级和知识分子都表示反对,甚至于在宫廷和保王党卖国的罪恶昭著、共和国的实现是十分必要的时候。实在说来,假使一七八九年革命家的行动仿佛是要完全推翻王室,但是在国民会议的宪政权力逐渐伸张之时,这些同一的革命家就成了保王派了。我们还可以说,在一七八九年十月五日、六日和一七九一年六月,国王逃走以后,人民若每

次表示得是一革命的力量之时，资产阶级和他们的舆论领袖就一天一天地变成保王派。

这是一件很重要的事实，但是我们不应该忘记，资产阶级和知识分子主要的是保全财产，有如当时所常说的。我们所看见的，也实在是维持财产问题贯注着全部革命，直到吉伦特的倾覆时为止。我们可以说，资产阶级甚至于雅各宾党人之害怕共和国是因为人民把共和国的思想和平等的思想联系在一起，对平等思想的了解又是财富平等和土地法的意义，即是产平派、共产主义者、没收者、当时的"无政府主义者"的公式。当时唯有科得列尔派自动地授受共和国的主张。

克氏能以从全部大革命的活剧中，从极复杂的现象的浮面中，深深地意识到它的历史的动力之动力——"维持财产问题"，真是难能可贵。我们青年们能以学着这样的方法，对于他所要写作或要叙述的每一事件、每一问题，都深远地意识到它的隐藏在现象背后的社会原因，即客观的、物质的原因，那你一定会写出比较有价值的文字。无论如何,即使学克鲁泡得金之写《法国大革命史》学不成,也比学济慈(John Keats)之写《夜莺歌》学得成、有意义。深远的意识好比夜莺的眼睛,它在黑魆魆的深夜中,看到一切人的肉眼所不能看见的世界。深远的意识又好比警犬的鼻子,人人嗅不到的地方,它却能觉察到一切无形无踪的秘密。它又好比爱克斯光线,可以透过人的骨肉,洞澈他的心腹,使他肺肝如见,无可隐藏。不然的话,那你的文字也就将如恩格斯所讥评的一样地可怜。他说:

> 倘如你研究反革命成功之原因时,你就从各方面听到一种现成的回答,不是某甲就是某乙背叛了人民。这个回答,依照实际情形判断,或者是正确,或者是错误,但它完全不能解释事情,它不能指出为什么人民允许他们被人如此叛卖。而且,假如一个政党,它的政治资本只在于认识某甲之不可信赖的零星的事实,它的遭际又是如何的可怜呢?

一个政党如此,一个人或一个人的文字,"只在于认识某甲之不可信赖的零星的事实",或是说些现成的现象,那他或它的价值都是同样地可怜啊!

第五节　客观的分析

一个人做文字要有深远的意识,要免除他那可怜的遭遇,只有摒去一切主观的见解。不然,虽然你有斗争的精神和热烈的情感,那你仍然免不了盲动和行险侥幸,对于你以前种种之所以失败,茫无所知,得不到一点教训,算是白忙一场,徒然牺牲,对于目前种种切要问题,自然不知从何着手。做事是如此,作文也是如此。譬如,一般青年朋友现在大家要团结起来,重新做起学生运动来,来担负目前全国青年应负的使命。各省市的青年团体的代表开大会于某地,先行选定主席团若干人,主席团的人马上就得决定以下数事:

(1) 主席团某做报告:说明本大会开会的历史意义与其当前之使命。

(2) 主席团某做报告:说明目前的国际形势与国内各种状况。

（3）主席团某做报告：说明全国青年在目前与各阶级的关系。

以上三事既不是从什么"斗争的精神"可以在主观上创造出来的，也不是用什么"热烈的情感"可以一厢情愿地描写出来的。那你只有凭着搜集已发生的事实，根据确凿可信的材料，用你的冷静头脑去做"客观的分析"。这种客观的分析，求之于中国的泰戈尔——徐志摩，或求之于印度的徐志摩——泰戈尔，是一点用也没有的；即求之于其他比较好的文学作品，也依然是没有用的。那只有求之于青年大众自身之历史的经验和目前周遭的实际情形的分析，才可得到正确的结论，认清目前的任务，找到完成这一任务的正常的途径。

譬如，大会公推主席团某主席或大会代表某某等起草一个全国青年的行动纲领，那你就一丝一忽也不能有主观的成见，更不能为你的热情所动摇，你要时时注意以下几个问题：

（1）中国目前之政治状况与经济状况。

（2）中国目前的状况与国际的关系——与日、俄、英、美、法等国的关系。

（3）俄国革命对于中国之影响。

（4）对中国目前各阶级的关系及统治阶级的政权力量的估量。

（5）全国青年之社会的成分及其党派的关系。

（6）青年与工农、小资产阶级的关系。

（7）全国青年目前的主要任务是什么？

（8）怎样一种纲领可以推动和领导全国青年，至少是大多数青年共同努力完成这一共同的任务，并渐渐过渡到另一阶段，即更高的阶段？

以上七桩都是客观分析之必要的对象，第八桩就是由以上种种分析所得出的结论，这都是规定行动纲领的根据。但是我们分析客观的事实或现象时，必须牢记以下三事：

（1）各种材料的慎重审查。

（2）材料之精密的追求。

（3）客观现象的分析，务必抓住其现实的为根据，万不可以可能的或然的为理由。

材料在社会中，百分之九十以上是来自官署或局所的，所以我们应当很严格地审查它，万不可率尔据为信

史。例如,下面一个统计材料就靠不住:

本埠自杀事件渐见减少

▲社会局发表十一月份自杀统计

市社会局发表十一月份自杀统计云:本月份自杀人数较上月减少30.4%,计158件。各种自杀原因之次序,似与前数月相同,家庭问题最多,生计困难次之,受人冤抑又次之。自杀者女子较男子多36人,占全数61.39%,比上月略增。自杀者之职业一栏,"不明"项内数字之大,实为不可免之事实。自杀者既以女子为多,而此种女子又什九无职业也。兹将本月份自杀统计表列下:

▲自杀原因	件 数	百分数
生计困难	17	9.49
失 恋	4	2.53
堕 落	2	1.27

▲自杀方法	件 数	百分数
服 毒	132	83.54
自 缢	3	1.90
投 水	14	8.89

家庭问题	69	43.67	吞　金	7	4.43
营业失败	3	1.90	不　明	2	1.27
疾　病	2	1.27	总　计	158	100.00
冤　抑	13	8.23	▲自杀结果	件　数	百分数
被虐待	3	1.90	死	13	8.23
其　他	7	4.43	被　救	138	87.34
不　明	41	25.31	不　明	7	4.43
总　计	158	100.00	总　计	158	100.00
▲自杀者性别	件　数	百分数	▲自杀者职业	件　数	百分数
男	61	38.61	学　界	2	1.27
女	97	61.39	商　界	7	4.43
总　计	158	100.00	劳动界	6	3.80
			其　他	7	4.43
			不　明	136	86.07
			总　计	158	100.00

这个统计载于一九三〇年十二月上海《申报》，若是分析起来，就有两点靠不住：

（一）它说是年十一月份自杀事件比较上月渐见减少，这是件靠不住的事。因为上海市的统计，对于各租界上月逐日所发生的事情，大都不能有精密的记载，而且有些自杀的事件被人淹没，这是常见的事。

（二）它说"自杀原因……家庭问题最多，生计困难次之，受人冤抑又次之。"这简直有点神秘了，我们要问：家庭问题，究竟因何而起的呢？它能脱离经济问题而独立吗？可巧，今天（一九三二年八月六日）上海《申报》上就有一个铁证，你看：

> 前曾在虹口周家嘴路开设纸盒作之镇江人余贵华，年二十六岁，自因营业失败，将纸盒作停歇后，即迁居东有恒路振华酒坊楼上居住。虽屡次挽人代寻职业，均未有成，以致生计拮据万状。余乃嘱其妻往附近昌新烟公司做女工，即赖其每日微薄收入，资以度日。近其妻身怀有孕，行将分娩，伊为维持日常生活计，不得不按日到厂工作。厂主见其可怜，乃给予余妻洋五元，作为生产时费用，惟经连日开支家用后只剩一元八角。前日下午，余贵华之父长根，由闸北到其子处索取零用钱，其子即告以拮据情形，讵其父不信，贵华乃给予一元，并说尚有八角，须留家用，其父不纳，乃再加六角，长根仍不

理。最后贵华乃将一元八角全数交予乃父，方得解决。待长根去后，贵华怨念丛生，遽将其仅有之布长袍一件付质，并购买鸦片回家，于其妻入睡后，即暗自吞服自尽。待其妻于昨晨七时许发觉，已人事不知，亟设法车送同仁医院救治，讵奈服毒过久，即在中途气绝身死。

这在市社会局的统计者看来，当然是家庭问题了，其实是顶呱呱的经济问题。在现代资本制的都市如上海这样的城市，所谓绝对单纯的"家庭问题"的自杀，恐怕是绝无仅有的事吧？那么，照我们的说法，这种所谓因家庭问题而自杀，骨子里头十有八九都是经济的压迫啊！这不是"生计"问题么？至于所谓"受人冤抑又次之"，统计者又轻轻一笔把它撇开。"生计问题"一类，其实也是心劳日拙。假使你把上海各报天天所载的各级法院的审判录看一看，你就知道千分之九百九十九都是"财产"问题、"债务"问题。俗话说得好："衙门朝南开，有理无钱莫进来！"又说道："哪个庙里没有屈死鬼？！"可见因冤抑而自杀的，又可以说，千分之九百九十九都是因生计问题而起的。青年们写作时，遇到这种材料应当十分小心。以上说的是政府或与政府接近的公共机关的材料的靠不住，还有资产阶级的学者所写的材料也靠不住，万不能徒其名而忽其实。如胡适下面所供给的材料就是这一类的。他说：

> 安诺德（美国使馆的商务参赞——灵皋）先生的第二表里又有这点事实：
> 美国人每人有二十五个机械奴隶。
> 中国人每人只有大半个机械奴隶。
> 去年三月份的《大西洋月报》里，有个美国工程专家说：
> 美国人每人有三十个机械奴隶。
> 中国人每人只有一个机械奴隶。
> （参看王灵皋：《国文评选》一集《请大家照照镜子》）

这只是资产阶级的统计学者对我们一般能说话的"机械奴隶"掉花枪。这也和说"上海共有两万部汽车

（假设的话），那么就是150人共有一部汽车"一样地骗人。实则坐汽车、有汽车的只是极少、极少数。这种统计上的数目字，没有多大实际上的意义，假使你站在最大多数的民众立场上立论的话。一个人的文章，若果能以经得起人家几次的追求，即客观的分析，那它本身的组织的成分也必是经过几次审慎的考查即客观的分析来的才行。资产阶级的学者所供给我们的文献，自然有许多他们不小心的地方，也曾提出了一些客观的真理，经得起客观的分析的，然而百分之九十九都是靠不住的。不但胡适一流的人，就是世界驰名并且还带有国际主义色彩的学者如罗曼·罗兰等类人的文字，都难经得起客观的分析，即如他下面的话吧：

> 我不要做兵士。欧洲啊，如果你要开始第二次大屠杀，我就要掉转来反对你，反对你的横暴，反对你的掠夺。我要和印度、中国、安南的兄弟站在一起，我要和被剥削、被压迫的民族站在一起。我不仅是为正义、神圣权利的名义——这些字句在你们的思想表现里是极其虚伪的——去干这件事，而

且还为真正文明的名义去干这件事。

　　我在绝望中期待着人类可怕的冲突——两部分人类之间还可避免的冲突。但是，如果这种冲突要到来，我是拼死不愿隐蔽我的思想，我为列宁的苏联和孙逸仙及甘地的亚洲辩护。

罗曼·罗兰为我们辩护的盛心和热忱，我们应当十二万分地感激，然而我们若果要用唯物的观点来把它客观地分析一下，那他这种文字也就不免令人失望。最大的毛病——非客观的事实——就是他把整个的亚洲与整个的欧洲对立起来，并把整个的欧洲与苏联对立起来。他忽视了欧洲的最大多数被剥削、被压迫的人正是同情我们被压迫、被剥削的亚洲与方兴的苏联，并且忽视了亚洲之中正有不少的欧美帝国主义的资产阶级的走狗。罗曼·罗兰把这一层抹杀了，他的可铭感的文章也就减少了百分之九十九的价值，而且他自己也就做了"愿意做傻子的人才是傻子"（见同上文）的傻子！客观的分析是最无情的啊！它就是解剖学的显微镜，在它的显微镜下，没有一点容你作伪的地方；它又是定性分析的化学，任你是什么东西，在它的玻璃管里，是不容你带上一丝一忽的假面具的。我们再郑重地重复一句，若果你愿意自己的文字经得起人家客观的分析，那你未提笔写作之先，就得把你所讨论的问题和所搜集的材料，做一番客观的分析。

第六节　辩证的逻辑

我们接着上节"客观的分析"，又来一节"辩证的逻辑"。青年的读者或许要疑惑，客观的分析已经说得很圆满了，写作时能做到这一步，已经是至矣尽矣、蔑以加矣，为什么又要谈到什么辩证的逻辑？这却有充足的理由。因为，"客观"这一名词已经被人滥用了，形式逻辑也讲客观，实验主义也讲客观。譬如，上海市社会局的各种统计是一种客观，胡适的"美国人每人有三十个机械奴隶，中国人每人只有一个机械奴隶"也是一种客观。根据市社会局的统计，说是上海人自杀的原因，有"家庭问题""生计问题""被冤抑"等等；又说，因某种原因而自杀的占全数百分之几，某种占百分之几，这也是一种客观的分析。胡适根据他所引的美国人的统计材料做了一个结论，替中国人找得一面镜子，教我们要学美国的金元主义，这在他当然也说是一种客观的分析。这在上一节我们已经指出它的错误，并且告诉大家像他们所说的那种客观是靠不住的，他们据以分析而得出的结论也是靠不住的。为什么呢？他们用的方法是"形式逻辑"，我们用的方法是辩证的逻辑。那么，形式逻辑与辩证逻辑的区别是在什么地方呢？只要把我在第三章第三节所介绍的社会科学的书籍，如《马克思主义根本问题》、《宗教哲学社会主义》和《辩证法经典》读了之后，你就会恍然大悟，在这儿，我只能解释一个大概。总而言之，它们的区别是在：形式逻辑的公式是："是是，非非"；辩证法的公式是："是非，非是"。

我们先说"是是，非非"。所谓"是是，非非"，就是说，张三就是张三，李四就是李四。因为张三就是张三，所以就形成形式逻辑的"同一律"，如甲者甲也。那么，张三既是张三，就不是李四，李四既是李四，就不是张三，于是就形成形式逻辑的"矛盾律"，如"甲不是非甲"。那么，凡于一个命题，若果发生有两个矛盾的判断，如说（一）甲是乙，（二）甲非乙。这两个判断之中不能二者俱是：若果"甲是乙"是对的，那"甲非乙"就是错的；若果"甲非乙"是对的，那"甲是乙"就是错的。两者是非，断不容他徘徊，也不容你折中，于是就形成形式逻辑的"不容间位律"——这就是形式逻辑的三个"推理的基本律"。然而，追本穷源都是由"是是，非非"这一公式敷衍出来的。

辩证的逻辑则恰恰相反，它的基本原则却是"是非，非是"。就是说，甲是甲同时又是非甲；非甲同时又是甲。形式逻辑在某种限度之内，对于思想的推理是有相当作用的，然而超过此种限度，便要陷于绝地，完全暴露它的短处。譬如，形式逻辑说，张三是张三，李四是李四，或说甲者甲也或乙者乙也；辩证法的逻辑则说，是的，张三就是张三，然而同时又是非张三；李四是李四，然而同时又是非李四。这话怎讲呢？张三在他娘肚子里的时候，不过是一包脓血，当他从他的爸爸的肾囊的输精管里跑到他娘的子宫里去的时候，不过是几百兆的精子中的最侥幸的一个，那时只是浑然一物，算不上张三、李四。这且不说，张三到了翘辫子的时候变成了一个僵尸，放进棺材，送到土里，他的尸体便分解而为各种质素，那便不是张三。就是尸体被狗吃了，做了狗先生的营养品，便变成了狗先生的身体中一种质素，那时张三便变成了狗四了。这都是铁一般的事实，谁也都会承认的。但是我们晓得，张三之变为棺材里的僵尸或狗四的身体的营养品，达到这一境地的这种大变化不是一朝一夕之故，其所由来者渐矣。他从他的娘胎里生下地，便一天一天地长大，由幼而至壮，由壮而至老，由老而至死；可以说，天天生长，也可以说是天天在老死，天天在往死路上走，一天一天地接近死期；张三的乌黑的头发，不久变成霜雪满头了；从前的牙齿，现在脱落了；从前运掉自如的四肢骨节，现在变成石灰质而僵化了。这就是张三变为非张三，就是张三天天在变为非张三。所以说，张三同时又是非张三，这丝毫不是诡辩，而是规规矩矩的自然现象的科学的解释。我们若果稍一留心体察，随时随地皆可看见这种现象。由此看来，我们可以暂做一个结论：形式逻辑说"是是，非非"，故视万物皆是一成不变；辩证逻辑说"是非，非是"，故视万物皆在变动不居之中。辩证法本来是集大成于黑格尔，但黑格尔的辩证法是唯心论的，他以为世界一切精神现象的变化、生灭皆是精神变动的表现，马克思把它与十八世纪的法国唯物论及费尔巴哈的唯物论联合起来，遂成为唯物论的辩证法，马克思说：

……辩证法在黑格尔手中的神秘，绝不妨碍他是一个包举一切而且意识地表现辩证法的一般作用形态之第一个学者。黑格尔把辩证法倒置了，我们应当从神秘的外壳之内看出合理的核心，把这个倒置的辩证法翻转过来。

……不然的话，若果就合理的形式说，辩证法对于资产阶级和它的偏颇的辩护人是一种苦恼和恐怖，因为它于现存的事态之理解中，同时就包含着对于现存事态之否定的理解，又包含着必然消灭的理解，它对于在不断的动流中各种生成的形态，从其经过的方面去观察它，任何恐惧也没有，因为它的本质是批评的而且是革命的。

（德文《资本论》第二版序言）

这是辩证法的根本原则,由此推演它的主要法则约有三种:

第一个法则是在矛盾及对立物的斗争中去研究世界,其方式如下:

位置　Position
对立　Oposition
构成　Komposition

这就是说,凡是一个东西,既然在空间占了"位置",一定就有和它的位置相摩相荡的东西,所以叫作"对立"。位置与对立既然相摩相荡相冲突,一定要形成新的现象。所谓"构成",这是黑格尔的用语,依希腊语则为:正(These)反(Anthese)合(Synthese)。若是一般人不惯用这种用语,则可用下式:

肯定　Afirmation
否定　Negation
否定之否定　Negation Der Negation

这一方式就是证明一切现象的矛盾律,在生之中看出死来,在死之中又看出生来;在存在之中看出它的消灭,在消灭之中又看出它的新的存在。譬如:

> 种子应该是死的(肯定);
> 然而,撒在地里便生长起来,开花结果(否定);
> 农人收获,储之仓库,复变而为种子(否定之否定)。

第一次(肯定)的种子与第二次(否定之否定)的种子不同,辗转变化,形似循环。然而,这种循环不是重叠式的而是连环式的,不是回复旧观的而是向前发展的。又如:

> 古代的社会是原始共产主义(肯定);
> 其后变而为私有制度,由封建私有制度进而为资本主义的私有制度(否定);
> 再由资本主义变而为现代或将来的共产主义(否定之否定)。

私有制度的资本主义固然反乎古代的共产主义，即现在或将来共产主义的社会也是和古代共产主义的社会两样，因为它是向外扩大、向前发展的。它们的否定之否定不是退转而是进展，而是更高的发展。这是辩证法的第一个法则。

辩证法的第二个法则是在世界的全体性中、在它的联系中、在它的变化与发展过程中去研究世界。前面我们已经说过，在大宇长宙之间，森罗万象，横说竖说，没有一个东西是孤立的，没有一样东西和其他一切东西有绝对的差异，没有一个东西能逃出矛盾法则以外的。它们既不能孤立，自然发生联系，发生冲突，联系、冲突而变化起，发展也就随之。世界的全体性是怎样说法呢？张三和李四虽然有高矮胖瘦的不同，然而他们同是男子；密斯张与密斯特李虽有性的差别，然而他们同是人类；两条腿走路的东西与四条腿走路的东西，或是用翅膀"走路"的东西虽然有人禽之别，然而他们都是动物；有腿能走、有翅能飞的东西与生根结蒂、开花落实的花草树木虽然有动植物之不同，然而同为生物则一也；生物、矿物虽有灵冥之不同，然而同为物，即同纳诸"物"的范畴之内则一也。归根结底，万物皆是物；就其形式或动作言之，虽万有不齐，然而就其生成之源与其变易过程言之，则实有一个共通的性质存乎其中。笛池根说：

> 水定然是有许多种类，但一切的水都必定有一定一般的水性（Water Nature）。不具有这种水性的就不是水，也就不能称它为水。同样的，油是有许多种类的：橄榄油、煤油、蓖麻油等等，而每一种油又可再分为许多种类。但凡有同一名称的，都是一个单位。
>
> （笛池根：《辩证法的逻辑》，六五—六六页）

然而，单知道"同一性"即普遍性是不够的：蔡廷锴和张学良固然同是中国人，而一则曾做激烈的抵抗，一则拥兵自卫，坐失三省，我们不能因其所同而忽其所不同；日本帝国主义者也是人的集团，中国被压迫的民族也是人的集团，我们不能因其所同而忽其所不同；日本的法西斯蒂的侵略内阁一派的军人也是日本人，负债六十万万①的日本农民（富农、中农）也是日本人，一无所有、债无可负、只余两手的千百万日本的工人与乡村的无产阶级也是日本人，然而我们不能因其所同而忽其所不同；从前北洋封建阶级是中国人，现在掌握政权的资产阶级也是中国人，嗷嗷待毙、求死不得的百分之八十的农民也是中国人，终日勤勤于工厂，累死不能活其妻若子或竟无所业②，漂流于车马如云、崇楼齐天的大都市如上海、天津、汉口、贵州、香港诸地的劳动者也是中国人，我们更不能因其所同而忽其所不同。不然，那就不能理解自然界与社会上的任何现象，所以我们要于纷纭不齐、森罗万象之中，看到它的同一性，即普遍性，我们更不能不于普遍性即同一性中看到它的异，看到它的具体性，看到它的差别性。乌理耶诺夫就是主张这种见解最厉害的一个人，他说：

> 无论在自然之中和在社会之中，"纯粹的"现象是不常有的，而且也是不能有的，这正是马克思

---

①② 原文如此。——编者注。

的辩证法——就是明明白白地告诉我们：人类的认识不能在它的全体的复杂性中毫发无遗地理解对象，所以纯粹的概念之为物既已是表示关于人类之认识的一定的限制性与片面性那样的马克思的辩证法——所教导我们的。所谓"纯粹的"资本主义，在这个世界中是不会有的，而且是不能有的。在其中常常存有封建制度、小市民制度和其他种种的什么制度的残余。

（Debarin:*Lenin als revolutionarer Dialektider*）

这就是说，知道一般的、抽象的、单纯的原理是不够的，必须要理会一般的现象之中各种特殊的、具体的事实。一般的现象之中既然有它的各个特殊的、具体的事实，譬如，列宁和卢森堡争论的时候，他就极力主张："马克思斗争主义的辩证法要求各个特殊的历史的情势之具体的分析。"就是说，要在一般的工人运动中找到它各种特殊的具体的事实，用特殊的、具体的方法来解决。

有了特殊的和具体的事实，就不能没有差别性，但是，它们的差别不是绝对的，而是相对的，不是孤立的，而是直接间接或隐或现地联系着的。谁晓得十八世纪英国一架纺织机的改良能改变人类历史的性质？又谁晓得"马铃薯散置的结果，每每会引起一种病症？但在十九世纪中，欧洲各国因了岁收不丰引起一般居民生活之恐慌与夫一八四七年爱尔兰大饥年，于是努力种植。后来仅以马铃薯为食物的爱尔兰人，因受食物恐慌之牺牲，饥寒至死者达百万人，移居于海外者达二百万人。当亚剌伯人发明酒精的时候，他们做梦也不曾梦到未发现以前的美洲的土人将因酒精所制的工具而遭受不测的祸患的"。凡此皆足以证明自然与社会之中一切事物都息息相关，往往竟非常人所能洞悉的道理。

既然知道万物是互相联系的，又须知道它们不是静止的（从辩证法的观念出发，绝对的静止是没有的），而是运动的。既然运动就必有变化，既有变化又必有发展。我们要在它的变化与发展过程中认识世界的同一性，我们尤要在它的变化与发展过程中认识它的差别性。就是说，在特殊的、具体的事物中抓住它的同一性，即普遍性；在一般的或普遍的现象中，找出它的特殊性或具体性。在社会中，每一个特殊的历史阶段都有其特殊的社会法则。譬如说，生产合理化，在资本主义的社会中必然地要造成失业恐慌、人口过剩的现象，但在共产主义的社会中，则正是推进人类的物质生活与精神生活向着更高度的发展阶段之必要条件。又如，信用制度在资本主义社会中是剥削工人阶级的极集中、极巧妙的方法，但在共产主义的社会中则又为工人阶级管理生产、分配生产之最合理的形式。"对于在不断的动流中各种生成的形态，从其经过的方面去观察它"，必然要得出这种结论。这是辩证法的第二个法则。

辩证法的第三个法则是在质量转换过程中认识世界、研究世界。黑格尔在他的《逻辑学》中所发明的法则是"只有量的变化到了一定点就转变而为质的差异"。量变而为质的变化的法则在社会科学上和在自然科学上是一样地适用。我们先从自然科学讲起，就拿我们房间里煤炉上的圆水锅里的水做例吧。假使这种水在通常的气压之下到了100℃（即摄氏表一百度）时，则它就从液体转变为瓦斯体的状态。从这两个转换之点，就可看出量的变化到了一定程度就变而为质的变化。

Lenin说:"赤色的感觉是反映着每秒钟约四百五十兆的速度而发生以太的波动,淡青色的感觉是反映着每秒钟六百二十兆的以太波动。"以太的波动的次数不同,到了一定程度便生出感觉上的性质的差别,这都是物理学上辩证法的现象。至于化学上的辩证法的现象更多;数学到了高等数学也随时都可看到辩证法的理路,这一层高中的学生只要稍微留心,便可得到不少的受用。

现在只拿社会科学来讲一讲,有主张社会进化说的,以为社会是可以和平进化;有主张社会革命说的,以为社会现象必须经过革命才有进步。主张前说的人反对社会革命说,主张后说的人则反对社会进化说。各持一端,都是只知其一,不知其二。社会有进化也有革命,进化是渐变的革命,革命是突变的进化。这话怎讲呢?譬如说,前清自鸦片战争以后,富强思想进入中国青年的脑海之中,始而少数人,继而人数渐多;始而在南方流传,继而传播到北方;始而只是一部分知识分子、青年学生,继而兵士,继而士大夫,数量上愈加愈多,增加到一定程度,于是遂有"戊戌的政变"。其后,清廷下诏兴学,学校愈多学生愈多,学生愈多则民族革命的思想愈加激烈，加之清室腐败日甚一日，一方面愈腐败，一方面愈激进，积之既久，达到一定的程度即行爆发，于是就有辛亥革命。又如，中世纪的手工业生产关系的经济制度所形成的封建社会到了机器工业发明以后，机器的工具渐渐地代替手工业的生产工具，因此手工业生产方法已不适用，而手工业的生产关系所形成的社会制度即发生矛盾。机器工业的数量越增加，则与旧生产方法、旧生产关系、旧社会制度越发不相容。到了一定的程度，则新的生产方法所形成的社会势力必取旧生产方法、旧生产关系与其社会制度而颠覆之，代之以新的生产方法、新的生产关系与适应这种关系的新的社会制度，即资本主义的社会制度。就是说，资本主义从封建制度的母胎里长大起来，否定了封建制度。赶到资本主义代之而兴以后，势必要聚集多数的劳动者于大工厂中，乡村的手工业经济破产，农民失业者麇集于城市，供给资本的劳动力，于是资本统治了一切，资本于是完全集中在极少数的人手里。资本越集中，劳动者的团聚的人数越多，他们打破了从前孤立的习惯，练习群居的生活，他们的情感互相款洽，他们的利害彼此共同，于是同资本家就成了对立的形势。资本家要想维持他的资本势力，必须尽力地剥削劳动者；要想维持他对劳动者的剥削，必须把握国家的武装力量。结果，资本家与劳动者的斗争就是武装斗争。到了此时，劳动者就要抛弃"批评的武器"来干"武器的批评"，这就是社会主义的革命，就是工人阶级否定资产阶级，就是"否定之否定"。无论否定也罢，否定之否定也罢，它的交替必须以暴力为依皈，就是说，是渐进过程中之必然的阶段——突变，即进化过程中之必然的阶段——革命。乌理耶诺夫说得对：

> 德谟克拉西是一种国家的形式——是它的各种形式之一。因此，同一般的国家一样，它也是一种强力加于人类之有组织、有系统的实施。这是从它的一方面说的。可是从它的另一方面来讲，德谟克拉西是在形式上承认一切公民的平等，就是说，一切公民都有平等的权利，来决定国家建设和国家的行政。而从这一点又跟着发生了德谟克拉西发展的一个阶段，它首先就使普罗来塔利亚特紧密地联

合起来，成为一个革命的阶级，以反抗资本主义，而且使它有机会能够去打毁和破坏资本主义而使之成为片屑般的，并且从地面上扫除一切波尔若阿的国家机关（不管它是共和政体的）常备军、警察机关和官僚机关，而代之以更德谟克拉西化的机关，可是这依然是一个国家机关，不过它是由工人阶级的武装群众所组织的，这个武装组织到了那时已经成为全体人民参加军事的组织了。

此时就发生"从量改变到质"的情形了。德谟克拉西发展到了这个阶段时，它就脱去了资本主义的社会的框子，而开始它的社会主义改造。

唯物辩证法大致如此，这节材料大半是取自《辩证法经典》和《理论与实践》（亚东版）。辩证法当然也有各式各种说法，有反对它的各种说法，也有赞成它的说法。读者若果要知道它的根本理论，最好是读马克思、恩格斯、列宁、普列汉诺夫、笛池根诸氏的著述。再进一步，还可以研究黑格尔一派唯心论的辩证法，这自然非中学青年所能得到的。那只有熟读《辩证法经典》、《辩证法的唯物论》、《宗教》、《哲学》、《社会主义》及恩氏的《自然的辩证法》。若果你要研究应用辩证法讨论中国哲学问题的著作，那就请你读李季君的《辩证法还是实验主义》。懂得辩证法之后，你再去分析你所要对之发表的意见，形诸文字的各种问题，你会觉得和从前大不相同，你会把死板板的问题看成活生生的问题；你会给你的文字以无限天机、无穷生意，总而言之："受用不尽！"至于实验主义的逻辑，表面上虽然异于形式逻辑，实则和形式逻辑只有形式上的差别，若果用唯物的辩证法去分析它，推到终极，也是资产阶级的主观的唯心论的方法论，碰到实际问题它也只有碰壁——和形式逻辑只是"二五犹一十也"。读者可参看前面所说的李季君的《辩证法还是实验主义》，并参看王灵皋的《中国思想界的奥伏赫变》（亚东图书馆出版），此处恕不赘述了。

第七节　超越的想象力

"儿童具有一种伟大的想象力。"（Trotzki:*Mein*

Leben，六二页。）他的想象力就是他的天才的火焰的发射。它是承袭人类极悠久的进化的智力与一切经验的遗产，它是儿童天才之萌芽与将来一切智力的发轫。许多做父母或师长的，尤其是中国人之做父母或师长的，不顾及儿童的天才，不晓得培养儿童的想象力，也不晓得戕折了几多成千累万的天才。

少年人的想象力虽然不及儿童，然而却比成年人富于幻想力或想象力。这种幻想力或想象力在文学中是非常重要的因素。任他什么样的文学家，若果他没有超越的想象力，那他的作品的内容，虽有很好的背景，结果必然是很可怜。我平常很喜欢读高尔基的小说，因为它除了对于社会之深刻的描写与伟大的提示而外，还因为它包容着作者超越的想象力。我们可以说，它对于社会之深刻的描写和伟大的提示，得了作者超越的想象力的贯串，格外显得它深刻和伟大。我又喜欢鲁迅的小说，也是因为它富于想象力。现在我们又要提到前面已经说过的杜甫的那首山水障歌——《奉先刘少府新画山水障歌》，你看他的想象力多么伟大哟！又如《子恺画集》之所以引人入胜，也是因为他的想象力的超越。他的想象力直透过儿童的灵魂，直透过现在社会的现象的深处。许多说不出的苦处，许多扬不出的黑幕，却都从他那粗粗的几笔画儿曲曲地传出。有人说过："《子恺画集》的《检查》（四）、《伴侣》（五），这两幅画用意略同，亦可以互相发明。我从前不懂得中国许多古代名臣的奏议或信件中'愿效犬马之劳'究竟什么意义，自从我看了《子恺画集》以后才恍然大悟……"实在不错！这种透过纸背的描写，没有对于社会的深切愤激之情固然着不得笔，然而没有超越的想象力，也是着不得笔。

然而大家不要误会了，以为想象力是儿童和文学家的专有物，其实不然，不但儿童富有想象力，不但文学家应该富有想象力，即最机械、最精密的建筑工程师，在他的工程设计中，都迫切地需要一种想象力；即最伟大的革命政治家，革命的哲学家，都迫切地需要一种想象力，尤其是在危疑震撼、大难当前的时候，什么事情应当做，什么事情不应当做？什么事情是根本，什么事情是枝叶？什么事情是腹心之患，什么事情是癣疥之疾？只靠着一班书呆子慢慢地商量、从容地讨论是不济事的，就是死板板地抱着马克思的辩证法的公式，依然不够定大难、决大疑，那就靠有种人既深懂得辩证法的精神，又有两只锐利的眼睛能马上看到问题的关键所在，他的脑子闪电似的，马上就决定应付办法，这样才可以扶危定倾。就行动说，则为不世之功，发为文章便是绝世妙文。托洛茨基说得好：

> 为的要完成①属诸列宁的这种程度的事业，那一个明了的、科学的体系——唯物论的辩证法是必要的，不错，是必要的，然而不够。这里还需要我们所名之曰直觉（Intuition）的那种内心的创造力（Jene geheimeschopferische Kraft）；这种创造力就是马上正确地把握着各种现象，从各种非本质的事物和各种不重要的事物之中，把本质的事物和重要的事物划分出来，能以意想到观念的缺点的部分，彻头彻尾思索他人的，第一是敌人的思想，把这一切综合到一个统一的全体来理解它并且当他在他的

---

① 德译本此字作"Verzichten"，与上下的语气不对，似系"Verrichten"之误，此处译文系照后者的意思。——原注。

脑子里把它做成"公式"的俄顷,就给以打击的能力——这就是行动的直觉。从一方面说,这种直觉和我们名之曰锐利的眼光的那种直觉一样。

(Trotzki: *Uber Lenin*,一五六页)

托氏所说的行动的直觉,就是我所说的超越的想象力,又可以名之曰"伟大的创造的幻想"(Eine gewaltige schopferische Phantasie)。托氏又这样说过,这种人类的幻想可以有各种不同的种类——机械的技师同小说家同样地需要它。幻想之中最有价值的一种是在于它能以对于人、物与现象,当它们还不为一般人所注目的时候,就在现实中适如其分地理解它们。一个人的生活经验的总合与理论的武器对于各个个别的微末而活跃的要点之运用和联合并依着一定的而不能公式化的类似的各种法则把它们加工制作,把它们混合,把它们补充完成,由是而使人类生活之一定的领域在它的全部具体性中获得再生,这就是立法者、政府工作人员和领袖,特别是在革命时代这些人们所必不可缺的幻想(参看同前书,一一七——一一八页)。不但革命时代立法者、政府工作人员和领袖应当具有这种幻想，即超越的想象力，即一般青年，他如果要做一个有用的人，写一种有用的文字，也必须具有这种想象力。我们不是要求个个青年都做立法者、政府工作人员和领袖，也不是要求个个青年对于他的生活和他的写作都要具有一种超越的想象力，因为这种超越的想象力由于后天教育者半，由于先天遗传者半，有些地方是不可完全用人力强求的。我们是希望个个青年能在辩证法的基础上，充分地运用他天赋的想象力，充分地发展他天赋的想象力，那他的生活一定会有很大的不可言喻的超越的乐趣，而他的写作的技能也一定会有很大的不可言喻的进展。